KB184563

놀랄 만큼 쉬운 챗GPT 활용법

챗GPT와 썸타기

한선관 류미영 김태령 홍수빈 임새이 김도용 지음

BM (주)도서출판 성안당

ChatGPT와 썸타기

1956년 다트머스 대학에서 시작된 인공지능은 이제 인간의 고유한 지적 능력인 창의성에 도전하며 놀라운 결과물들을 생성하는 수준에 이르렀습니다. 이미지, 사운드, 애니메이션, 영상 처리의 분야에서 두드러진 생성형 인공지능이 등장하였고 특히 자연스러운 언어 처리에서 인간을 능가하는 실력을 보여주고 있습니다.

인공지능 과학자들도 도저히 극복하기 어렵다고 생각했던 튜링 테스트를 가뿐히 넘어섰으며 이보다 더 진보한 제안인 위노그라드 스키마 챌린지도 아무렇지 않게 해결하는 모습을 보여 주고 있습니다. 그 중심에 OpenAI에서 발표한 ChatGPT가 있습니다. 자연어 처리 분야에서 독보적인 위치를 차지하며 기존의 구글 검색 엔진의 필요성과 의미의 본질을 와해시켜 가고 있습니다.

ChatGPT는 OpenAI에서 개발한 대규모 언어 학습 모델 즉, 대화형 인공지능의 한 분야로 대량의 자연어 데이터를 학습하여 자연어를 이해하고 언어를 생성하는 능력을 갖추고 있습니다. 인공지능, 기술, 경제, 문화, 건강 등 다양한 분야에서 많은 이들이 궁금해 하는 주제들을 다루며, 최신 연구와 업무 관련 정보를 검색이 아닌 질문과 답변으로 인류의 디지털 라이프를 한걸음 앞당기고 있습니다. 놀라운 ChatGPT의 등장과 활용에 대다수가 경외심을 가지고 바라보고 있지만 정작 그 실체를 제대로 이해하거나 자신의 업무, 일상에 적절하게 사용하는 것 같지는 않습니다.

이 책은 다양한 연령층과 관심 분야를 가진 독자들을 대상으로 하고 있습니다. 인공지능이나 기술에 대한 지식이 없어도 쉽게 이해할 수 있도록 집필했으며, 최신 자연어 처리의 트렌드와 기술적인 개념을 쉽게 제시하고 있기에 인공지능 전문가가 아니어도 유익한 정보를 얻을 수 있을 것입니다.

인간의 지식은 일차적으로 언어로 생성되고 기록되며, 전달 공유되며 보존됩니다. 대규모 언어 처리 모델인 ChatGPT는 인간의 언어를 이해하고 생성하는 능력이 있기 때문에 차세대 인류의 지식을 생성, 저장, 전달, 보급하는 역할을 하게 될 것입니다. ChatGPT가 인류의 직업을 빼앗고 인류의 적이 될 것이라는 시각도 엄존하나 이는 사실이 아닙니다. ChatGPT로 사람들이 어려워했던 분야의 힌트를 제시할 수 있으며 인류가 처한 매우 곤란한 문제를 해결할 돌파구를 마련하기도 할 것입니다.

인공지능 기술과 같이 인간의 역량을 뛰어넘는 첨단 기술을 배척하거나 경쟁의 상대로 두는 것은 어리석고 매우 위험한 행동입니다. 우리가 어떻게 인공지능을 잘 활용할 것이며 ChatGPT와 같은 인공지능 기술과 협력할 것인지에 지대한 노력을 기울여야 합니다. 인공지능의 탄생은 시작부터 인간을 위협하거나 능가하기 위해 연구하고 개발된 것이 아닙니다만 이를 배척하거나 배우려 하지 않는 사람은 인공지능을 받아들이고 배우며 함께 협력하는 사람들에게 자리를 빼앗기고 기회를 잃게 될 것은 명확합니다.

인공지능의 위험으로부터 기회를 찾고 밝은 미래를 발견하기 위해 우리는 새로운 기술에 대해 열린 마음으로 받아들이고 배워야 합니다. 이러한 포용력과 배우려는 학습 능력을 발휘한다면 ChatGPT는 다양한 분야에서 유용하게 활용될 수 있습니다.

예를 들어, ChatGPT는 의학 분야에서 활용될 수 있습니다. 많은 환자들이 의료 정보를 찾기 어려워하며, 의료진들도 새로운 연구 결과나 치료 방법을 찾는 데 어려움을 겪습니다. 이때 ChatGPT는 의료 정보를 쉽게 이해하고 요약하여 환자와 의료진 모두에게 도움을 줄 수 있습니다.

ChatGPT는 환경 문제 해결에도 활용될 수 있습니다. 환경 문제는 전 세계적으로 심각한 문제가 되고 있습니다. ChatGPT는 대량의 환경 데이터를 분석하여, 환경 문제에 대한 해결책을 제시할 수 있습니다.

ChatGPT는 교육 분야에서도 활용될 수 있습니다. 학생들은 과제나 연구에서 자료를 찾는 데 어려움을 겪는 경우가 많습니다. 이때 ChatGPT는 학생들이 필요로 하는 정보를 쉽게 검색하고 제공함으로써 학생들의 학습 효율을 높일 수 있습니다.

ChatGPT는 금융 분야에서도 활용될 수 있습니다. 금융 서비스 기업들은 ChatGPT를 이용하여 고객에게 맞춤형 금융 상품 및 서비스를 제공하고, 고객 문의에 대한 자동 응답 시스템을 구축하여 고객 만족도를 높일 수 있습니다.

ChatGPT는 인간-로봇 상호 작용 분야에서도 활용됩니다. 예를 들어, ChatGPT는 인간과 로봇 간의 대화를 원활하게 할 수 있으며, 로봇이 인간의 명령을 이해하고 실행할 수 있도록 돕는 역할을 수행합니다.

또한, ChatGPT는 자연어 기반의 보안 서비스 분야에서도 활용될 수 있습니다. 예를 들어 ChatGPT는 자연어 처리를 이용하여 악성 코드와 스팸 이메일을 탐지하고 차단하는 역할을 수행하도록 안내를 합니다.

이 책에서는 ChatGPT를 활용하여 다양한 분야의 문제를 해결하는 사례를 다루며, ChatGPT가 어떻게 인간의 삶을 개선시킬 수 있는지에 대한 인사이트를 제시합니다. 이 책은 총 13개의 장 (Chapter)으로 이루어져 있으며, 각 장은 실제로 ChatGPT를 따라 하며 대규모 언어 모델을 이해하고 활용하는 방법을 제시하고 있습니다. 또한 인공지능과 자연어 처리의 분야에서 사용되는 핵심 개념을 사례와 이야기로 재미있게 풀어 드립니다.

본서에서 ChatGPT의 다양한 활용 사례를 통해 독자 여러분들이 언어 생성형 AI 기술의 흥미로운 경험을 탐구하면서 삶의 질을 높이는 데 도움이 되기를 바라며 ChatGPT와 즐거운 썸을 타는 좋은 기회를 가지시길 바랍니다.

2024년 11월
저자 일동

Contents

PROLOGUE ChatGPT와 썸타기 002

01 **Hello,**
    ChatGPT! 010

1 ChatGPT를 시작하며 012
2 ChatGPT 가입하기 012
3 ChatGPT와 대화 시작하기 014

COLUMN 튜링 테스트 VS 중국인의 방 021

02 **ChatGPT로**
    인싸 되기 022

1 ChatGPT로 SNS 글 작성하기 024
2   ChatGPT로 편지 쓰기 026
3 ChatGPT로 여행 일정 짜기 029
4 ChatGPT로 기사문 쓰기 032
5 ChatGPT로 언어 번역하기 034
6 ChatGPT로 문법 분석하기 038
7 ChatGPT와 토론하기 040
8 ChatGPT와 수학 문제 만들기 042
9 ChatGPT로 요리 레시피 만들기 044
10 ChatGPT로 만들 수 있는 음식 정보 받기 046
11 ChatGPT로 홍보 안내문 만들기 047
12 ChatGPT로 코딩하기 053
13 ChatGPT로 논문 요약하고 이해하기 056
14 ChatGPT로 연설문 쓰기 058
15 이미지를 인식하는 ChatGPT 060

COLUMN 위노그라드 스키마 챌린지(Winograd
        Schema Challenge) 063

03 **ChatGPT로
나만의 그림 만들기:
미드저니** 064

1 미드저니로 만든 그림의 저작권자는 누구? 066
2 ChatGPT에 프롬프트 입력하기 068
3 미드저니로 그림 생성하기 070
4 확장하기: AI 이미지 생성 프로그램 074

COLUMN 생성형 인공지능 084

04 **ChatGPT로
나만의
배경 음악(BGM)
갖기** 086

1 나만의 배경 음악(BGM) 도입하기 088
2 ChatGPT 프롬프트 입력하기 088
3 나만의 음악 만들기 093
4 확장하기: 참고할 만한 음악 관련 인공지능 100

COLUMN 원샷 러닝, 퓨샷 러닝 103

05 **ChatGPT로
나만의 영어 회화
만들기** 104

1 ChatGPT에 프롬프트 입력하기 106
2 대화 문장을 음성 파일로 바꾸기 109
3 확장하기: 영어 문법 공부와 영어 대화 111
4 나만의 실시간 번역기 만들기 114

COLUMN 초창기의 번역기 – 규칙 기반 기계 번역 118

06 **ChatGPT로
요약 프레젠테이션
만들기:
파워포인트** 120

1 프레젠테이션 슬라이드의 일반적인 예 122
2 ChatGPT 프롬프트 입력하기 123
3 해당 내용을 슬라이드로 만들기 125
4 확장하기: 웹 페이지 글 요약과 키워드로
파워포인트 자동 생성 128

COLUMN 옵트인, 옵트아웃 131

07 **ChatGPT로**
시험지 쉽게 만들기:
워크시트 메이커 132

1 ChatGPT 프롬프트 입력하기   134
2 시험지 만들기   145
3 확장하기: 공부에 도움되는 그 외 ChatGPT 활용법 152

COLUMN   할루시네이션(Hallucination)   156

08 **ChatGPT로**
포트폴리오 웹 페이지
만들기: HTML 158

1 포트폴리오의 구성과 내용   160
2 HTML 양식 익히기   161
3 Repl을 이용하여 웹 페이지 만들기   163
4 확장하기: 마우스오버(Mouseover) 시 색상 변환   168

COLUMN   HTML의 역사   171

09 **ChatGPT로**
스프레드시트
효율화하기 172

1 스프레드시트의 문제   174
2 스프레드시트 함수를 ChatGPT에게 물어보기   182
3 스프레드시트에서 바로 GPT 사용하기   185
4 확장하기: 엑셀에서 ChatGPT 사용   190

COLUMN   스프레드시트의 역사   192

10 **ChatGPT로**
나만의 채팅 서버
만들기 194

1 개요   196
2 채팅 서버의 동작 과정   197
3 서버 및 클라이언트 코드 작성   198
4 확장하기: 사용자가 닉네임을 설정할 수 있게
   채팅 서버 확장   205

COLUMN   API의 개념과 ChatGPT API   210

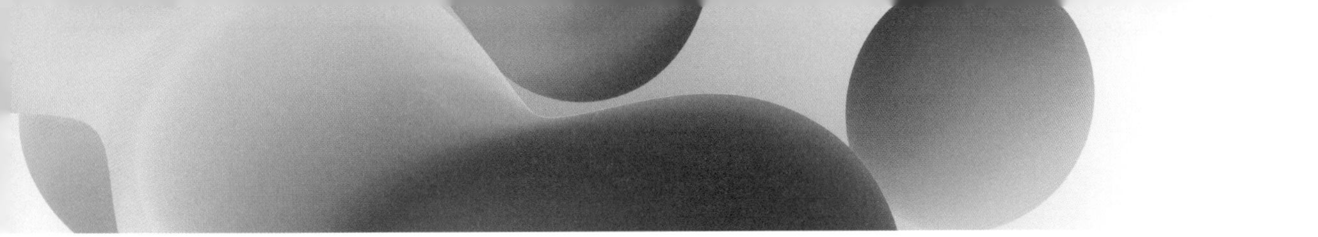

11 **ChatGPT로
우리 기관 로고
제작하기** 212

1 ChatGPT에게 로고 요청하기 214
2 SVG 그림 파일 만들기 218
3 확장하기: 글자를 그림으로 나타내는 텍스트 아트 221

COLUMN 직업의 생성과 소멸 224

12 **ChatGPT로 자동 클릭
매크로 만들기** 226

1 파이썬 라이브러리 살펴보기 228
2 코드 만들기 229
3 개발 환경 구축하기 232
4 확장하기: 파이썬 매크로 추천받아 구현 236

COLUMN 멀티모달 238

13 **빙(Bing) 검색,
어디까지 해 봤니?** 240

1 New Bing 만나기 242
2 New Bing 활용하기 244
3 ChatGPT와 무엇이 다를까? 248

COLUMN ChatGPT와 같이 인공지능을 이용한
협업 도구 250

ChatGPT는 사람과 자연스럽게 대화
할 수 있다. 말을 생성하는 이 인공지능은 말 속에 담긴 지혜
로 우리를 놀라게 한다. 그리고 인간이 하는 대부분의 일을
대체할 거라는 불안감도 점점 커지고 있다.
Chapter 1에서는 ChatGPT를 처음 사용하는 방법을 알아
보겠다.

Hello,
ChatGPT!

ChatGPT를 시작하며

코딩을 배우는 사람이라면 한 번쯤 입력해 본 상징적인 명령어가 있다. 바로 "Hello, World!"다. 그 유래와 이유에 대해서는 다양한 의견이 있으나 프로그래머들의 암묵적인 규칙이라는 점은 대부분 동의한다. ChatGPT를 시작하면서 다음과 같이 인사를 나누어 보자.

```
print ("Hello, ChatGPT!")
```

ChatGPT는 마치 사람과 대화하는 것처럼 컴퓨터와 대화하는 형식으로 문제를 해결하게 해 준다는 점에서 혁신적인 변화의 바람을 일으키고 있다. 이 챕터에서는 ChatGPT를 처음 만나 인사나누고 사용하는 방법을 알아보겠다.

2 ChatGPT 가입하기

지난 2022년 11월 30일에 공개된 ChatGPT는 두 달 만에 월간 이용자 1억 명을 돌파하며 엄청난 돌풍을 일으킨 바 있다. 이렇게 짧은 시간에 빠르게 성장할 수 있었던 데는 엄청나게 간단한 가입 절차가 한몫을 했다. 혹시 여러분이 1억 명에 포함돼 있지 않다면 지금 바로 시작해 보자.

■ ChatGPT에 접속하기

❶ 구글 검색 창에 'chatgpt'를 검색하여 접근하거나 chatgpt.com에 접속하면 다음과 같은 로그인 화면이 나온다.

❷ 해당 화면에서는 로그인 없이도 무료 버전 ChatGPT를 사용할 수 있다.

❸ 하지만 기능이 제한적이고 나의 채팅 기록이 누적되지 않는다는 단점이 있기 때문에 회원가
입 후 이용하는 것을 권장한다.

❹ 회원 가입을 위해서 왼쪽 아래에 [회원 가입]을 클릭한다.

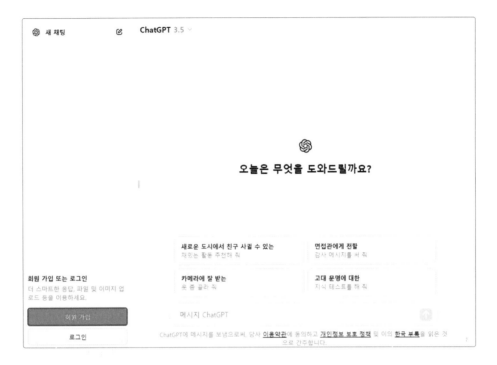

2 회원 가입 및 로그인하기

❶ 다른 이메일을 통해서 가입할 수도 있지만 최대한 간편
하게 가입하는 방법은 소셜 로그인을 활용하는 것이다.

❷ 구글, 마이크로소프트, 애플 계정 중 원하는 방법을 선택
하여 클릭하고, 가입을 마무리 하자.

3 대화 명과 생년월일 입력하기

❶ ChatGPT에서 사용할 대화명을 설정한다.

❷ 본인의 생년월일을 입력한다. 이를 통해 미성년자의 무분별한 접근을 막고자 하는 의도가 보인다.

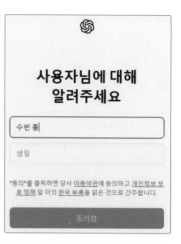

📎 **Tip**

ChatGPT의 사용 연령 기준

미성년자의 무분별한 접근과 윤리적 이슈를 해결하기 위하여 다음과 같은 연령 제한 기준을 따르고 있다.

① 만18세 이상의 성인

② 만 14세 이상의 청소년 중 부모 또는 보호자의 허락을 받은 사람

③ 만 14세 미만의 어린이의 접속 및 이용은 원칙적으로 허용하지 않음.

> **OpenAI 서비스 이용 가능 연령기준을 확인해 주세요**
>
> ChatGPT를 이용해주셔서 감사합니다. 대한민국의 법령상 요건을 준수하기 위해, OpenAI는 귀하가 OpenAI 서비스를 이용할 수 있는 나이인지 확인하여야 합니다. ChatGPT를 계속 이용하시려면, 귀하가 18세 이상이거나, 14세 이상이고 부모 또는 보호자의 허락을 받았음을 확인해 주세요.
>
> OpenAI의 연령기준 미달시 이 페이지에서 계정을 삭제해 주세요.
>
> 로그아웃   저는 OpenAI의 연령기준을 충족합니다

---

3 ChatGPT와 대화 시작하기

ChatGPT를 잘 사용하는 방법은 대화를 잘하는 방법이라고 생각해도 좋을 것이다. 먼저 가볍게 대화를 시작하기 전에 ChatGPT의 능력을 가늠해 볼 수 있는 시작팁을 살펴볼 필요가 있겠다.

> **ChatGPT**
> 시작 팁
>
> ○ **무엇이든 물어보세요**
> ChatGPT는 질문에 답변하고, 학습을 도와드리고, 코드를 작성하고, 함께 브레인스토밍하는 등 다양한 작업을 수행할 수 있습니다.
>
> ● **민감한 정보를 공유하지 마세요**
> 서비스 개선을 위해 채팅 기록을 검토하거나 사용할 수 있습니다. 도움말 센터에서 사용자님의 선택 사항에 대해 자세히 알아보세요.
>
> ⚠ **사실 여부를 확인해 보세요**
> 당사에는 보호 조치가 있지만, ChatGPT는 부정확한 정보를 제공할 수 있습니다. ChatGPT는 조언을 드리려는 것이 아닙니다.
>
> 이제 시작하죠

1 ChatGPT 화면 구성

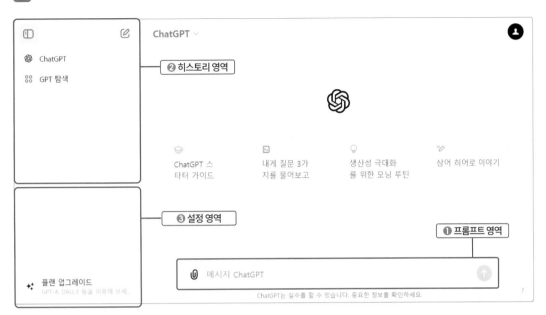

1 **프롬프트 영역**: 프롬프트에 질문이나 요청사항을 입력하는 공간이다. 내용을 입력하고, Enter 키나 보내기 아이콘(◁)을 누르면 입력이 완료된다.

2 **히스토리 영역**: 계정에서 대화했던 내용이 히스토리 형태로 자동 저장된다. 히스토리 이름을 변경하거나 삭제하는 것도 가능하다. 이를 통해 프로젝트 단위로 대화를 관리하는 것이 가능하다. 추가적으로 '공유하기', '이름바꾸기', '아카이브에 보관' 등을 설정할 수 있다.

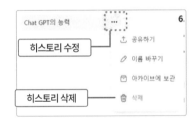

3 **GPT 탐색**: GPT 탐색은 개별 사용자들이 ChatGPT를 이용하여 만들어 놓은 다양한 챗봇을 사용해 볼 수 있고, 나만의 챗봇을 만들어 볼 수 있는 일종의 챗봇 플랫폼이다.

2 ChatGPT와 대화하기

❶ 대화는 일상적인 대화에서 전문적인 이야기까지 모두 가능하다. 프롬프트에 다음과 같이 일상적인 대화를 입력해 보자.

 안녕? 나의 친구가 되어 줄래?

 안녕하세요? 물론이죠. 기쁘게 친구가 되어 드릴게요. 어떻게 도와드릴까요? 요즘 어떻게 지내세요?

❷ ChatGPT와의 대화는 ChatGPT에게 어떤 역할을 맡기느냐에서 시작된다. 역할에 따라 대화의 말투가 달라질 뿐만 아니라 내용의 질이 달라지기도 한다.

일반적인 대답

 네가 할 수 있는 일에 대해서 설명해 줘.

 물론이죠! 저는 OpenAI가 개발한 AI 언어 모델로, 다양한 주제에 대해 대화하고 질문에 답변할 수 있어요. 제가 할 수 있는 일에는 다음과 같은 것들이 있어요.

1. **정보 제공**: 역사, 과학, 기술, 문화 등 다양한 주제에 대한 정보를 제공할 수 있어요.
2. **학습 지원**: 수학 문제 풀이, 과제 도움, 개념 설명 등 학습에 필요한 도움을 줄 수 있어요.
3. **글쓰기 지원**: 에세이, 편지, 기사, 창작 이야기 등의 글쓰기를 도와줄 수 있어요.
4. **번역**: 여러 언어 간의 번역을 도와줄 수 있어요.
5. **코딩 도움**: 프로그래밍 언어에 대한 질문에 답변하고 코드를 작성하는 데 도움을 줄 수 있어요.
6. **일상 대화**: 다양한 주제에 대해 대화하고, 고민 상담도 해줄 수 있어요.
7. **현재 사건 및 뉴스**: 최신 뉴스와 현재 사건에 대해 이야기할 수 있어요.

그 외에도 많은 것들을 도와드릴 수 있으니 궁금한 것이나 필요한 것이 있다면 언제든지 물어보세요!

친구처럼 대답해 달라고 요청했을 때

 네가 할 수 있는 일을 친구와 대화하듯이 설명해 줘.

 물론이야! 마치 친구처럼 편하게 설명해 볼게.

1. **정보 제공**: 궁금한 것이 있으면 뭐든 물어봐! 역사나 과학, 영화, 음악 같은 것들에 대해서도 다 대답해 줄 수 있어.

2. **학습 도움**: 공부하다가 모르는 거 있으면 나한테 물어 봐. 수학 문제나 과학 개념 같은 것도 설명해 줄 수 있어.

3. **글쓰기**: 글 써야 하는데 막막하면 도와 줄게. 에세이나 편지, 심지어 소설 같으ㄴ 것도 같이 써볼 수 있어.

4. **번역**: 외국어로 뭐든 번역해야 하면 도와줄 수 있어. 영어, 일본어, 중국어 등 여러 언어를 다룰 수 있거든.

5. **코딩 도움**: 프로그래밍 할 때 문제 생기면 나한테 물어 봐. 코드를 같이 짜거나 디버깅하는 것도 도와줄게.

6. **일상 대화**: 그냥 수다 떨고 싶을 때도 좋아. 아무 주제나 편하게 이야기할 수 있어.

7. **현재 사건 및 뉴스**: 최신 뉴스나 지금 일어나고 있는 일들에 대해서도 알려줄 수 있어.

이런 식으로 친구처럼 편하게 대화할 수 있어. 뭔가 필요하거나 궁금한 거 있으면 언제든지 말해 줘!

말투가 달라지는 경우

일반적인 대답

 나 우울한데 해결책이 있을까?

 우울감을 해결하는 데는 여러 가지 방법이 있습니다. 각 사람마다 효과적인 방법이 다를 수 있지만 다음과 같은 일반적인 접근 방법이 도움이 될 수 있습니다.

1. **전문가 상담**: 심리학자, 정신과 의사, 상담사 등 전문가와 상담을 통해 우울증의 원인을 파악하고 적절한 치료 방법을 찾을 수 있습니다. 상담 치료, 인지 행동 치료(CBT) 등이 유용할 수 있습니다.

2. **약물 치료**: 심각한 경우, 의사가 항우울제 등의 약물을 처방할 수 있습니다. 약물 치료는 전문가의 지도를 받아야 하며, 정기적으로 상태를 점검하는 것이 중요합니다.

3. **규칙적인 운동**: 운동은 뇌에서 엔도르핀과 같은 기분을 좋게 하는 화학 물질의 분비를 촉진시킵니다. 매일 30분 정도의 산책이나 가벼운 운동이 도움이 될 수 있습니다.

4. **건강한 식습관**: 균형 잡힌 식사를 통해 신체와 정신의 건강을 유지하는 것이 중요합니다. 특히 오메가-3 지방산, 비타민 B, 마그네슘 등이 풍부한 식품이 도움이 될 수 있습니다.

5. **충분한 수면**: 규칙적인 수면 패턴을 유지하고, 충분한 수면을 유지하는 것이 중요합니다. 수면의 질이 낮으면 우울감이 심화될 수 있습니다.

◁» ⧉ 👍 👎 ↻ ⌄

전문가로서의 역할을 부여

 너는 훌륭한 심리 상담사이자 정신과 의사야. 나 요즘 우울한데 어떻게 하면 될까?

 우울감을 느끼는 것은 힘든 일입니다. 제가 몇 가지 도움될 수 있는 방법을 제안해 드릴게요. 하지만 먼저, 우울증을 겪고 있다면 전문적인 도움을 받는 것이 중요합니다.

1. 전문가 상담:

- 심리 상담사나 정신과 의사와 상담을 통해 현재 느끼는 감정을 나누고, 치료 계획을 세울 수 있습니다. 상담을 통해 감정을 표현하고 이해 받는 것만으로도 큰 도움이 됩니다.

2. 사회적 지원:

- 친구나 가족과 대화를 나누세요. 가까운 사람들과 감정을 나누고 지지를 받는 것이 중요합니다. 혼자서 모든 것을 감당하려고 하지 마세요.

3. 생활습관 개선:

- 규칙적인 운동: 운동은 엔돌핀을 분비시켜 기분을 좋게 만듭니다.
- 건강한 식습관: 균형 잡힌 식사는 신체의 정신 건강에 중요합니다.
- 충분한 수면: 규칙적인 수면 패턴을 유지하면 기분이 나아질 수 있습니다.

4. 마음 챙김과 명상:

- 명상, 요가, 심호흡 등은 마음을 차분하게 하고 스트레스를 줄이는 데 도움이 됩니다. 하루에 몇 분의 마음 챙김 연습을 해보세요.

5. 취미 활동:

- 좋아하는 활동이나 취미를 찾고 시간을 투자하세요. 창의적인 활동이나 취미는 스트레스를 줄여 줍니다.

◁» ⧉ 👍 👎 ↻ ⌄

📎 Tip

ChatGPT 앱

ChatGPT가 소개되면서 ChatGPT API(Application Programming Interface)를 이용한 다양한 스마트폰용 앱이 등장하였다. 그러던 중 OpenAI 사에서 공식 앱을 출시하였는데 아래와 같은 다양한 기능을 제공하며 ChatGPT에 대한 접근성과 사용성을 높이고 있다.

  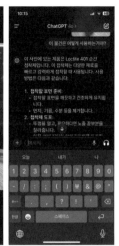

❶ 텍스트 채팅:
- 사용자는 텍스트를 통해 자연어로 질문하거나 대화를 나눌 수 있다.
- 일반적인 정보 제공, 일상 대화, 조언 등 다양한 주제를 다룰 수 있다.

❷ 음성 입력 및 출력:
- 음성으로 질문을 입력하고 AI의 응답을 음성으로 들을 수 있는 기능을 제공한다.
- 4o 버전 이후 대답 속도가 매우 빨라져 실시간으로 대화하는 느낌이 들 정도다.

❸ 이미지 인식 및 생성:
- 사용자가 스마트폰에서 사진을 바로 찍어서 업로드하면 그에 대한 설명을 제공하거나 이미지와 관련된 질문에 답변할 수 있습니다.
- 버전에 따라 텍스트 설명을 기반으로 이미지를 생성하는 기능도 있습니다.

❹ 개인화된 추천:
- 사용자의 이전 대화 내용을 바탕으로 개인화된 추천을 제공합니다.
- 사용자가 자주 묻는 질문이나 관심사에 맞춘 정보를 제공할 수 있습니다.

❺ 멀티모달 기능:
- 텍스트, 이미지, 음성 등 여러 형태의 입력을 동시에 처리할 수 있습니다.
- 다양한 형식의 데이터를 조합하여 보다 정확한 응답을 제공합니다.

❻ 실시간 정보 제공:
- 현재 날씨, 뉴스, 스포츠 경기 결과 등 실시간 정보를 제공합니다.
- 사용자가 필요로 하는 최신 정보를 빠르게 확인할 수 있습니다.

튜링 테스트 VS 중국인의 방

언어를 매개로 한 역사적인 두 실험이 있다. 바로 튜링 테스트(Turing Test)와 중국인의 방(Chinese Room) 실험이다. 튜링 테스트를 고안한 앨런 튜링(Alan Turing)은 인공지능의 등장을 예견하며, 그 기준으로 컴퓨터와 인간의 대화를 제안했다. 심판관이 있고 인간과 컴퓨터가 각각 대화를 나누게 되는데, 심판관이 어느 쪽이 인간인지 구별할 수 없으면 컴퓨터가 지능을 가지고 있다고 볼 수 있다고 생각하였다.

또한 중국인의 방 실험을 제안한 존 설(John Searle)은 다른 관점에서 튜링 테스트를 설명했다. 중국인의 방 실험은 한국어를 전혀 못하는 중국인이 방 안에 있고, 한국어-중국어 사전을 이용해서 입력되는 한국어를 중국어로 번역해서 방 밖으로 내보냈을 때를 가정하는 것이다. 이때 방 밖에 있는 사람은 방 안에 있는 사람이 한국어를 안다고 착각하기 때문에 대화만으로는 지능을 알 수 없다는 것이다.

두 실험 모두 컴퓨터가 인공지능을 가질 수 있는지를 언어를 중심으로 생각하고 있다. 튜링 테스트는 충분히 발전한 컴퓨터가 인공지능을 갖게 되면 컴퓨터가 인간과 자유롭게 언어로 소통할 수 있을 것이라고 생각했고, 중국인의 방 실험은 그럴 경우에도 컴퓨터가 생각하고 있다고 보기는 어렵다고 말한다.

ChatGPT는 어떨까? ChatGPT가 튜링 테스트를 통과했다고 볼 수 있을까? 그렇다면 이제 기계는 지능을 가지게 되었다고 말할 수 있을까? ChatGPT의 등장은 우리에게 더욱 많이 생각할 것을 던져 주고 있다.

▲ 앨런 튜링(Alan Turing)

▲ 존 설(John Searle)

Memo

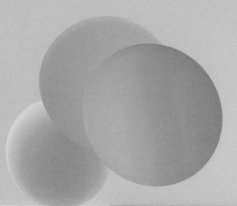

ChatGPT가 예술을 하고 있다. 그리고 인공지능의 작품이 많은 사람의 관심을 받고 있다. 역사적으로 '창작은 인간 고유의 것인가' 하는 많은 논의가 있었다. 이제는 인간의 언어를 흉내낸 인공지능이 시나 소설을 쓰기 시작한다. 그렇다면 일상 언어는 어떨까. 여기서도 인공지능은 인간과 같은 센스를 발휘할 수 있을까?

Chapter 2에서는 ChatGPT를 일상생활에서 활용하는 다양한 사례를 살펴보며 일반적인 삶 속에 ChatGPT가 어떻게 녹아들지 상상해 보자.

ChatGPT로
인싸 되기

최근 ChatGPT로 쓴 소설, 기사, 시가 출판되며 많은 사람들의 관심을 받으며 화제가 되고 있다. 인간의 은유적 표현을 언어로 갈고 닦아 만들어지는 시를 인공지능이 뚝딱 만들어 낼 수 있다니, ChatGPT의 언어 능력의 한계가 궁금해지는 지점이다. Chapter 2에서는 ChatGPT로 할 수 있는 다양한 사례를 살펴보면서 뛰어난 언어 능력이 필요한 상황을 가정하여 ChatGPT의 활용 가능성을 파악하자.

ChatGPT로 SNS 글 작성하기

상황	A씨는 SNS에서 인싸가 되고 싶다. SNS 인싸들의 특징을 관찰해 보니 특정한 주제를 정해서 꾸준히 게시물을 올리는 것이 무엇보다 중요해 보인다. 그래서 나름대로 꾸준히 게시물을 올려 보았지만 금방 한계에 부딪히고 말았다.

SNS를 통해 성공하고 싶은 A씨에게는 ChatGPT의 도움이 절실해 보인다. 어떤 도움을 받을 수 있을지 살펴보자.

1 게시물 주제 추천 받기

❶ 어떤 게시물을 써야 할까 떠오르지 않을 때 도움을 받을 수 있다.

 커피에 대한 인스타 계정을 운영하려고 하는데 게시물 주제를 추천해 줘.

 커피에 대한 인스타그램 계정을 운영할 때 다양한 주제로 게시물을 만들어 팔로워들의 흥미를 끌 수 있습니다. 다음은 추천하는 몇 가지 주제입니다:

1. 커피 레시피:

- 다양한 커피 음료의 레시피를 공유합니다. 예를 들어, 라떼 아트, 아이스 커피, 콜드 브루, 카푸치노 등.

2. 커피 원두 소개:

- 세계 각국의 커피 원두를 소개하고, 각각의 맛과 향의 특징을 설명합니다.

3. 카페 탐방:

- 독특하고 분위기 좋은 카페를 탐방하고 리뷰합니다. 카페의 인테리어, 분위기, 추천 메뉴 등을 사진과 함께 소개합니다.

4. 커피 팁과 트릭:

- 커피를 더 맛있게 만들 수 있는 방법, 홈 카페에서 유용한 팁, 커피 머신 사용법 등을 공유 합니다.

5. 커피와 건강:

- 커피가 건강에 미치는 긍정적인 영향과 주의할 점을 설명합니다.

❷ 다소 엉뚱한 대답도 있지만 이 중에서 적당한 것을 선택하는 것은 A씨의 몫이다.

2 게시글 작성하기

❶ 도움을 받아 주제를 정했다면 게시글을 쓸 때도 도움을 받을 수 있다.

❷ 게시글을 추천 받을 때는 어떤 SNS를 사용할 것인지 명시해서 거기에 맞는 형식을 추천 받을 수 있다.

 1번에 대한 내용을 인스타그램 게시글 형식으로 작성해 줘!

 물론입니다! 다음은 1번 주제인 "커피 레시피"에 대한 인스타그램 게시글 예시입니다.

사진: 아름다운 라떼 아트가 그려진 라떼 한 잔의 사진

캡션:

✨ 오늘의 커피 레시피: 부드러운 라떼 ✨

안녕하세요 커피 애호가 여러분! 오늘은 집에서도 쉽게 만들 수 있는 클래식한 라떼 레시피를 공유하려고 해요.😍

재료:

- 에스프레소 샷 1-2잔
- 스팀밀크 200ml
- 선택 사항: 시럽 (바닐라, 카라멜 등)

만드는 방법:

1. 에스프레소 샷을 준비해주세요. 에스프레소 머신이 없다면 진하게 내린 커피도 괜찮아요.

2. 우유를 데우면서 거품을 만들어 주세요. 프렌치 프레스나 전동 거품기를 사용하면 좋아요.

3. 에스프레소 샷 위에 스팀 밀크를 천천히 부어주세요.

4. 여러분의 창의력을 발휘해 라떼 아트를 그려보세요! 🌟

5. 원하신다면 시럽을 추가해 달콤하게 즐기세요.

여러분도 집에서 카페 스타일의 라떼를 즐겨보세요! 🏠💕
여러분의 라떼 아트 사진을 공유해주시고 #내커피레시피 해시태그를 잊지말아 주세요!

해시태그:

#커피레시피 #홈카페 #라떼아트 #커피사랑 #라떼 #에스프레소 #카페스타일 #커피타임 #커피그램

#커피스타그램 #내커피레시피

🔊 ⎗ 👍 👎 ⟳ ⌄

ChatGPT로 편지 쓰기

상황	B 씨는 동호회의 리더로서, 시기별로 회원들에게 마음을 전하는 편지를 써야 하는 경우가 많다. 매번 새로운 문구를 떠올리는 것이 쉽지 않다. 누군가 편지를 대신 써준다면 좋을 것 같다.

B 씨에게는 편지 내용을 자동으로 만들어 주는 도움이 필요해 보인다. 어떤 방법이 있을지 알아보자.

1 편지글 생성하기

ChaGPT는 글쓰는 데 특화되어 있다. 편지의 주제와 대상, 문체 등을 지정해 주면 그에 맞게 편지글을 만들어 준다.

새해를 맞아 편지를 보내려고 하는데 정중한 문체로 편지를 써 줘.

새해를 맞이하여 정중한 문체로 편지를 작성해드리겠습니다:

존경하는 [수신인 이름] 님께,

안녕하십니까? [보내는 사람 이름]입니다.

어느덧 한 해가 지나고 새로운 해가 밝았습니다. 지나간 한 해 동안 여러 가지 일들이 많으셨을 텐 데, 어떤 순간들로 기억될지 궁금합니다. 그동안 함께 해주신 따뜻한 관심과 배려에 진심으로 감사 드립니다.

새해를 맞이하여 [수신인 이름] 님과 가족분들께 건강과 행복이 가득하시길 기원합니다. 또한, 소망하시는 모든 일들이 순조롭게 이루어지기를 바랍니다. 우리 모두에게 올 한 해가 새로운 기회와 희 망으로 가득 찬 시간이 되기를 소망합니다.

올해도 변함없는 신뢰와 소통을 바탕으로 더욱 돈독한 관계를 이어나가길 희망합니다. 언제나 [수신인 이름] 님의 곁에서 든든한 지원자가 되도록 최선을 다하겠습니다.

새해 복 많이 받으십시오. 따뜻한 겨울 보내시고, 항상 건강하시길 기원합니다.

감사합니다.

추석을 맞아 친구에게 편지를 쓰려고해. 친근한 문체로 써 줘.

물론입니다! 친구에게 보내는 추석 편지를 친근한 문체로 작성해 드릴게요:

친애하는 [친구 이름]에게,

안녕! 요즘 잘 지내고 있어? 벌써 추석이 다가왔네. 시간이 정말 빨리 가는 것 같아. 이번 추석에는 어떻게 보낼 계획이야?

명절 하면 역시 가족들과 함께 맛있는 음식 먹고 도란도란 이야기 나누는 게 최고지. [친구 이름]도 가족들과 즐거운 시간 보내고 있길 바래.

사실 난 추석 때마다 너랑 같이 보냈던 기억이 많이 나. 함께 송편 빚고, 밤 늦게까지 웃고 떠들던 그 시간들이 정말 그리워. 언제 한 번 다시 그때처럼 함께 보낼 수 있으면 좋겠다.

이번 추석에는 푹 쉬면서 스트레스도 날려버리고, 맛있는 음식 많이 먹으면서 행복한 시간 보내길 바래. 그리고 우리 조만간 꼭 만나서 밀린 이야기들 나누자!

항상 건강하고, 모든 일이 잘 풀리길 기원할게. 즐거운 추석 보내고 곧 보자!

사랑하는 친구, [보내는 사람 이름] 드림

2 메일 머지 사용하기

❶ 앞에서 생성된 문구를 살펴보면 [이름]이라고 비어 있는 부분이 있다. 이 부분을 받는 사람마다 다르게 채워 넣는 것도 꽤 귀찮은 일이다. 이때 사용할 수 있는 것이 메일 머지 기능이다.

❷ 워드프로세서 프로그램에서 메일 머지를 사용하는 방법을 ChatGPT에게 물어보자.

 한컴 오피스에서 메일머지 기능을 사용하는 방법을 알려 줘.

 한컴 오피스에서 메일머지(Mail Merge) 기능을 사용하는 방법을 안내해 드리겠습니다. 메일머지 기능은 주로 여러 사람에게 맞춤형 문서를 한 번에 생성할 때 사용됩니다. 예를 들어, 각기 다른 이름이나 주소를 포함하는 편지, 청구서, 이메일 등을 자동으로 작성할 수 있습니다.

한컴오피스에서 메일머지 사용하는 방법

1. 수신자 목록 준비 (엑셀 파일)

- 먼저, 메일 머지에 사용할 수신자 목록을 준비해야 합니다. 이 목록은 보통 엑셀 파일에 저장됩니다.
- 예를 들어, '이름', '주소', '전화번호', '이메일' 등의 열로 구성된 데이터 파일을 준비합니다.
- 예시 엑셀 파일 구조:

이름	주소	전화번호
홍길동	서울시 강남구	010-1234-5678
김철수	부산시 해운대구	010-2345-6789
이영희	대구시 동구	010-3456-7890

2. 한글 문서 열기

- 한컴 오피스 한글을 실행하고, 메일머지를 사용할 문서를 엽니다. 이 문서에서 엑셀 파일의 데이터를 삽입할 위치를 지정해야 합니다.

3. 메일머지 시작하기

1. 메뉴에서 메일머지 선택:
   한글 상단 메뉴에서 [우편/메일]을 클릭하고, 그 아래 [메일 머지]를 선택합니다.

2. 데이터 파일 선택:
   - [메일 머지] 메뉴를 클릭하면 "데이터 파일"을 선택하는 창이 열립니다. 여기에서 엑셀 파일을 선택하여 수신자 목록을 불러옵니다.
   - 엑셀 파일을 선택하면, 해당 파일에 들어 있는 데이터를 한글 문서와 연결할 수 있습니다.

4. 필드 삽입

- 엑셀 파일에서 각 열에 있는 데이터를 한글 문서의 적절한 위치에 삽입해야 합니다.

  1. 문서에 필드 삽입:
     - 한글 문서에서 수신자 이름이나 주소 등을 삽입할 위치를 지정합니다.
     - 예를 들어, "안녕하세요, [이름] 님!" 같은 문장을 작성한다고 할 때, '[이름]'에 해당하는 부분에 엑셀 파일에서 "이름" 열을 삽입합니다.

  2. 필드 삽입 방법:
     - 메일 머지 메뉴에서 [필드 삽입] 버튼을 클릭하고, 엑셀 파일에 있는 필드를 선택하여 문서에 삽입합니다.
     - 예를 들어, 엑셀에서 '이름'을 선택하면, 한글 문서에 자동으로 '[이름]'과 같은 필드 코드가 삽입됩니다.

5. 메일머지 실행

- 문서에 필요한 모든 필드를 삽입했다면, 이제 메일머지를 실행합니다.
  - 메일머지 시작 버튼을 클릭하여 데이터를 삽입한 문서를 생성합니다.
  - 한글은 엑셀의 각 행을 읽어들이고, 각 수신자에게 맞춤형 문서를 만들어냅니다.

6. 결과 확인 및 출력

- 메일머지를 실행한 후에는 각 수신자별로 맞춤형 문서가 생성됩니다. 이를 확인한 후, 원하는 형식으로 저장하거나 출력할 수 있습니다.
- 출력 방법:
  - [파일] 메뉴에서 [인쇄]를 선택하여 출력하거나,
  - [파일] > [다른 이름으로 저장]을 통해 PDF로 저장할 수 있습니다.

예시: 이름과 주소를 포함한 편지 작성

1. 엑셀 파일에서 수신자 정보를 준비합니다.
2. 한글 문서에서 "안녕하세요, [이름] 님. 주소는 [주소]입니다." 같은 형식으로 문서를 작성합니다.
3. 메일 머지 메뉴에서 엑셀 파일을 불러온 후, [이름]과 [주소] 필드를 삽입합니다.
4. 메일 머지 시작을 클릭하여 각 수신자에게 맞는 문서가 자동으로 생성되도록 합니다.
5. 생성된 문서를 확인하고, 출력하거나 PDF로 저장합니다.

주의사항

- 엑셀 파일에서 첫 번째 행에 필드 이름이 정확하게 기입되어 있어야 합니다. 예: '이름', '주소', '전화번호' 등.
- 필드를 삽입할 때에는 [필드 삽입] 메뉴에서 정확한 데이터를 선택해야 하며, 이를 잘못 삽입하면 문서가 잘못 생성될 수 있습니다.

위의 절차를 따라 하면 한컴오피스에서 메일머지 기능을 효율적으로 사용할 수 있습니다!

◁⟩ ⧉ ⮙ ⮛ ↻ ⌄

❸ 이렇게 특정 소프트웨어를 사용하는 방법도 ChatGPT를 통해서 배울 수 있다.

3 **ChatGPT로 여행 일정 짜기**

상황 갑자기 여행을 떠고 싶은 C씨가 정해진 예산 안에서 갈 수 있는 여행지를 찾고 있다. 여행 일정을 추천해 주는 블로그나 유튜브는 많은데 다 챙겨 볼 시간이 없다.

ChatGPT로 여행 일정을 추천 받아 보자.

1 **예산에 맞는 여행지 추천 받기**

여행지를 선택하는 것엔 다양한 기준이 있다. 바로 여행을 떠나고자 하는 C 씨에게는 예산이 가장 중요하리라 생각된다. 예산에 맞는 여행지를 추천받아 보자.

 1인당 100만 원 예산으로 갈 수 있는 해외 여행지를 추천해 줘.

 1인당 100만 원 예산으로 즐길 수 있는 해외 여행지를 추천해 드리겠습니다. 이 예산 내에서 항공권, 숙박, 식사, 주요 관광지 입장료 등을 고려한 추천 목록입니다.

아시아

1. 베트남 (하노이, 다낭, 호치민)

- 저렴한 항공권과 숙박비, 맛있는 길거리 음식
- 하롱베이, 미케비치, 벤탄 시장 등 다양한 관광지

2. 태국 (방콕, 치앙마이)

- 다양한 저가 항공편과 저렴한 숙박
- 방콕의 왕궁, 치앙마이의 야시장 등 관광 명소

3. 인도네시아 (발리)

- 합리적인 가격의 항공편과 숙소
- 아름다운 해변, 우붓의 문화 체험

4. 필리핀 (세부, 보라카이)

🔊 🗗 👍 👎 🔄 ⌄

2 여행 일정 추천 받기

마음에 드는 곳을 골랐다면, 여행 일정을 추천 받아 보자. 이때 여행 기간도 함께 입력하면 구체적인 안내를 받을 수 있다.

 방콕을 4박 5일 동안 여행하려고 해. 일정을 짜 줘.

 방콕에서 4박 5일 동안 즐길 수 있는 일정을 짜보겠습니다. 주요 관광지, 먹거리, 쇼핑 등을 포함한 일정입니다.

1일차: 도착 및 방콕 도심 탐방

- 오전
  - 방콕 도착 및 숙소 체크인

- 오후
  - 왓 아룬 (Wat Arun) : 태국의 유명한 사원 중 하나로, 차오프라야 강변에 위치
  - 왓포 (Wat Pho) : 거대한 와불상이 있는 사원, 태국 전통 마사지 체험 가능

- 저녁
  - 카오산 로드 (Khao San Road) : 방콕의 대표적인 배낭여행자 거리, 다양한 길거리 음식과 바

2일차: 역사와 문화 체험

- 오전
  - 왕궁 (Grand Palace) : 방콕의 대표적인 관광지, 에메랄드 사원 포함

- 오후
  - 왓 프라깨우 (Wat Phra Kaew) : 태국에서 가장 신성한 사원, 에메랄드 불상이 있음
  - 차오프라야 강 보트 투어 : 차오프라야 강을 따라 보트 투어

🔊 🗗 👍 👎 🔄 ⌄

ChatGPT로 기사문 쓰기

상황 스포츠 전문 기자인 D 씨가 다니는 언론사의 특성상 하루에 작성해야 할 기사가 너무나 많다. 거기다 다양한 스포츠 종목을 다루다 보니 헷갈려서 실수를 하는 경우도 발생하고 있다.

일정한 형식이 있는 기사문의 경우 이미 인공지능이 널리 쓰이고 있으며 전용 프로그램도 존재한다. 빠르고 정확한 정보전달이 필요한 스포츠 기사의 특성상 챗GPT가 많은 도움을 줄 것으로 기대된다.

1 기사문 작성하기

기사문 작성 명령을 입력할 때 경기 결과를 함께 입력하면 이를 반영하여 기사문을 작성한다.

> 너는 스포츠 전문 기자야. 야구 경기 결과에 대한 기사문을 쓰려고 하는데 결과는 사자팀이 12점, 호랑이 팀이 8점으로 사자팀이 이겼어. 홈런을 친 선수는 소년장사야.

사자팀, 소년장사 홈런으로 호랑이팀에 12-8 승리

어제 저녁 펼쳐진 박진감 넘치는 야구 경기에서 사자팀이 호랑이팀을 12-8로 물리치며 승리의 기쁨을 만끽했다. 이번 경기에서 사자팀의 결정적인 승리를 이끈 주역은 바로 소년장사였다.

소년장사는 5회 초에 멋진 홈런을 터뜨리며 팀의 사기를 한껏 끌어올렸다. 그의 홈런은 단순히 점수를 올리는 것에 그치지 않고, 사자팀의 전체 분위기를 변화시키며 이후의 경기 흐름을 주도하는 역할을 했다. 소년장사의 활약은 관중들의 뜨거운 환호를 받았고, 그의 홈런 덕분에 사자팀은 중요한 타이밍에 3점을 추가할 수 있었다.

사자팀의 타선은 전반적으로 활발하게 움직였으며, 다수의 선수들이 안타를 기록하며 점수를 꾸준히 쌓았다. 반면 호랑이팀도 경기 후반에 맹렬한 반격을 시도했지만, 사자팀의 수비와 투수진의 단단한 벽을 넘지 못했다.

경기 후 사자팀 감독은 "소년장사의 홈런이 우리 팀에 큰 힘이 되었다. 선수들 모두가 하나로 뭉쳐 최선을 다한 결과이다."라며 승리의 소감을 밝혔다. 소년장사 역시 "팀을 위해 큰일을 해내서 기쁘다. 앞으로도 더 많은 승리를 위해 노력하겠다."라며 결의를 다졌다.

이날 승리로 사자팀은 리그 순위에서 상위권으로 도약하게 되었고, 다음 경기에 대한 기대감을 높였다. 팬들은 사자팀의 다음 경기를 손꼽아 기다리며, 소년장사와 그의 팀 동료들에게 아낌없는 응원을 보내고 있다.

◁》 ⑺ ♡ ⑺ ⟳∨

2 기사문 수정하기

기사문에서 잘못된 부분을 찾아서 수정해 달라고 하면 그 부분만 수정하여 작성할 수 있다.

 소년장사가 홈런을 친 건 5회가 아니라 7회야. 수정해 줘.

 사자팀, 소년장사 홈런으로 호랑이팀에 12-8 승리

어제 저녁 펼쳐진 박진감 넘치는 야구 경기에서 사자팀이 호랑이팀을 12-8로 물리치며 승리의 기쁨을 만끽했다. 이번 경기에서 사자팀의 결정적인 승리를 이끈 주역은 바로 소년장사였다.

소년장사는 **7회 초**에 멋진 홈런을 터뜨리며 팀의 사기를 한껏 끌어올렸다. 그의 홈런은 단순히 점수를 올리는 것에 그치지 않고, 사자팀의 전체 분위기를 변화시키며 이후의 경기 흐름을 주도하는 역할을 했다. 소년장사의 활약은 관중들의 뜨거운 환호를 받았고, 그의 홈런 덕분에 사자팀은 중요한 타이밍에 3점을 추가할 수 있었다.

사자팀의 타선은 전반적으로 활발하게 움직였으며, 다수의 선수들이 안타를 기록하며 점수를 꾸준히 쌓았다. 반면 호랑이팀도 경기 후반에 맹렬한 반격을 시도했지만, 사자팀의 수비와 투수진의 단단한 벽을 넘지 못했다.

경기 후 사자팀 감독은 "소년장사의 홈런이 우리 팀에 큰 힘이 되었다. 선수들 모두가 하나로 뭉쳐 최선을 다한 결과이다."라며 승리의 소감을 밝혔다. 소년장사 역시 "팀을 위해 큰일을 해내서 기쁘다. 앞으로도 더 많은 승리를 위해 노력하겠다."라며 결의를 다졌다.

이날 승리로 사자팀은 리그 순위에서 상위권으로 도약하게 되었고, 다음 경기에 대한 기대감을 높였다. 팬들은 사자팀의 다음 경기를 손꼽아 기다리며, 소년장사와 그의 팀 동료들에게 아낌없는 응원을 보내고 있다.

◁)) �🗇 🖒 🖓 ↻ ⌄

 여기서 **잠깐!**

인공지능과 가짜 뉴스

앞에서 본 것처럼 기사문을 작성자가 입력하지 않은 정보까지 지어내서 쓰는 것을 관찰할 수 있다. 놀라운 것은 그 내용이 너무나 그럴 듯하다는 것이다. 가짜 뉴스로 인해서 언론에 대한 신뢰도가 낮아지고 있는 시점에서 인공지능 저널리즘에 대해 깊이 고민하고, 가짜 뉴스를 걸러낼 수 있는 소양도 키워야 할 것이다.

ChatGPT로 언어 번역하기

상황　A 씨는 초중학교부터 죽어라 영어 공부를 하였지만 영포자로 살아온지 어언 20년이 넘었다. 대학원에 입학한 A 씨는 1년간 국내 논문을 다수 발표하였지만 국제 학술 대회나 외국 학술지에 논문을 발표하는 것에는 엄두를 내지 못하고 있다. 다음 달말까지 투고 기간이 있는 유명 학술 대회에 논문을 투고하기로 마음먹은 A 씨는 ChatGPT의 도움을 받아 자신의 연구를 영어 논문으로 투고하고자 한다.

한글로 작성된 논문을 영어 또는 중국어 문장으로 번역하여 논문의 형식에 맞게 작성한다.

1 한글 논문 준비하여 번역 요청하기

논문의 요약문을 선택하여 복사한 뒤 ChatGPT에게 번역을 요청한다.

> 이 연구는 초등학생을 대상으로 하는 데이터 이해 기반의 기반 기반 교육 프로그램 개발에 관한 연구이다. ADDIE 교수 설계 모형에 따라 10차시 분량의 교육 프로그램을 설계했다. 설계한 교육 프로그램의 내용 타당성을 검증하기 위해 인공지능 교육 전문가 12인을 전문가 집단으로 내용 타당도 검사를 실시하였다. 내용 타당도 검사를 토대로 교육 프로그램을 수정 및 보완하여 교육 현장에 적용하였다. 개발한 교육 프로그램이 학습자의 인공지능 리터러시 향상에 어떤 영향을 미치는지 알아보기 위하여 단일 집단을 대상으로 인공지능 리터러시 사전·사후 검사를 실시하여 분석였다. 프로그램 적용 결과 학습자들의 인공지능 기초 지식 이해, 인공지능 활용과 인공지능 개발 능력이 유의미하게 향상되었다.
>
> 위의 문장을 영어로 번역해 줘.

This study focuses on the development of a data understanding-based AI education program for elementary school students. Following the ADDIE instructional design model, a 10-session education program was designed. To verify the content validity of the designed education program, a content validity test was conducted with a group of 12 AI education experts. Based on the results of the content validity test, the education program was revised and supplemented before being applied in the educational field. To investigate the impact of the developed education program on improving students' AI literacy, pre- and post-tests on AI literacy were conducted and analyzed for a single group. The application of the program resulted in a significant improvement in students' understanding of basic AI knowledge, AI utilization, and AI development skills.

2 영어식 문장에 맞게 한글의 내용을 교정하고 다시 번역 요청하기

❶ 한글 문장에서 가장 차이나는 점이 바로 주어를 생략하는 것이다. 영어에서 주어가 빠지면 수동태가 되어 주어가 엄청 길어지거나 It과 같은 가주어로 제시되어 명확한 진술이 필요한 논문에서 문제가 발생할 수 있다.

❷ 한글 문장에서 주어가 되는 부분을 어색하더라도 강제로 추가하자. 문장이 많이 좋아진 것을 알 수 있다.

이 연구는 초등학생을 대상으로 하는 데이터 이해 기반의 인공지능 기초 교육 프로그램 개발에 관한 연구이다.

우리는 ADDIE 교수설계 모형에 따라 10차시 분량의 교육 프로그램을 설계하였다. 설계한 교육 프로그램의 내용 타당성을 검증하기 위해 우리는 인공지능 교육 전문가 12인을 전문가 집단으로 구성하여 내용 타당도 검사를 실시하였다. 내용 타당도 검사 결과를 토대로 교육 프로그램을 수정 및 보완하여 교육 현장에 적용하였다.

우리는 수정된 프로그램을 교육 현장에 적용하였다. 개발한 교육 프로그램이 학습자의 인공지능 리터러시 향상에 어떤 영향을 미치는지 알아보기 위하여 우리는 단일 집단을 대상으로 인공지능 리터러시 사전·사후 검사를 실시하여 분석하였다. 프로그램 적용 결과, 학습자들의 인공지능 기초 지식 이해, 인공지능 활용과 인공지능 개발 능력이 유의미하게 향상되었다.

위의 문장을 영어로 번역해 줘.

This study focuses on the development of a data understanding-based AI education program for elementary school students. We designed a 10-session education program following the ADDIE instructional design model. To verify the content validity of the designed education program, we formed an expert group of 12 AI education experts and conducted a content validity test. Based on the results of this test, we revised and supplemented the education program before applying it in the educational field. We applied the revised program in the educational field. To investigate the impact of the developed education program on improving students' AI literacy, we conducted and analyzed pre- and post-tests on AI literacy for a single group. As a result of the program's application, students' understanding of basic AI knowledge, AI utilization, and AI development skills significantly improved.

3 복잡하게 긴 문장을 간단하게 수정하여 다시 번역 요청하기

❶ 복잡한 중문과 복문의 문장을 간단하게 자르고 번역을 요청한다.

❷ 너무 단순하게 자른 단문으로 써진 문장 사이에 접속사나 관계사를 넣어 수정하면 전달하려
는 의미에 맞게 분명하게 번역할 수 있다.

2016년 구글에서 후원한 딥마인드 사가 개발한 인공지능 알파고(AlphaGo)는 이세
돌과의 바둑 대결에서 4대 1로 승리하였다. 그 사건은 대중들에게 큰 충격을 주었다.
알파고의 등장은 대중들에게 충격을 줌과 동시에 인류가 제3차 산업혁명 이후와는
다른 새로운 시대, 즉 제4차 산업혁명의 시대로 나아가고 있음을 보여주었고 제4차
산업혁명의 핵심 기술 중 하나인 인공지능의 발달은 단순히 기술의 발달에 그치지 않
고 경제 및 산업 전반에 급격한 변화를 촉발하고 있다.

위의 문장을 영어로 번역해 줘.

In 2016, AlphaGo, an AI developed by DeepMind and sponsored by Google, defeated Lee
Sedol in a Go match with a score of 4-1. This event shocked the public. The emergence of
AlphaGo not only surprised people but also indicated that humanity is moving into a new
era, different from the post-Third Industrial Revolution period, namely the Fourth Industrial
Revolution. The development of AI, one of the core technologies of the Fourth Industrial
Revolution, is not merely an advancement in technology but is also triggering rapid changes
across the entire economy and industry.

◁» ⟳ 👍 👎 ↻˅

2016년 구글에서 후원한 딥마인드 사가 개발한 인공지능 알파고(AlphaGo)는 이세
돌과의 바둑 대결에서 4대1로 승리하였다. 그 사건은 대중들에게 큰 충격을 주었다.
알파고의 등장은 대중들에게 충격을 줌과 동시에 인류가 제3차 산업혁명 이후와는
다른 새로운 시대, 즉 제4차 산업혁명의 시대로 나아가고 있음을 보여주었다.

제4차 산업혁명의 핵심 기술 중 하나인 인공지능의 발달은 단순히 기술의 발달에 그
치지 않고 경제 및 산업 전반에 급격한 변화를 촉발하고 있다.

위의 문장을 영어 논문에서 주로 사용하는 형식과 문장으로 번역해 줘.

In 2016, AlphaGo, an AI developed by DeepMind and sponsored by Google, triumphed over Lee Sedol in a Go match with a score of 4-1. This event profoundly shocked the public. The advent of AlphaGo not only stunned the masses but also signaled that humanity is transitioning into a new era distinct from the post-Third Industrial Revolution period, namely the Fourth Industrial Revolution. The development of AI, one of the core technologies of the Fourth Industrial Revolution, is not merely a technological advancement but is also instigating rapid changes across the entire economy and industry.

◁» ⬀ 👍 👎 ↻ ∨

여기서 잠깐!

영어 학습의 변화

과거 한국에서 시행했던 문법 중심의 영어 학습은 보통 문법 규칙을 외우고 이를 활용하는 것에 중점을 둔 학습 방법이었다. 이 방법은 교과서와 문법서를 중심으로 수업이 진행되며, 학생들은 규칙을 암기하고 문법 연습 문제를 푸는 것이 일반적이다. 이 방법은 영어 문법에 대한 이해를 돕기는 하지만, 실제로 영어를 사용하거나 의사소통할 때 필요한 능력을 키우는 데 한계가 있었다.

▲ 문법 위주의 영어 학습

현재의 영어 학습은 말하기와 듣기 중심의 실제 의사소통에 초점을 맞춘 학습 방법을 사용한다. 이것은 언어를 자연스럽게 습득하는 것을 목표로 하며, 대화, 듣기, 발음, 회화 등 실제 의사소통에 필요한 능력들을 중심으로 수업이 이루어진다. 또한 학생들이 영어를 실제로 사용하면서 자신의 능력을 향상시키는 데 큰 도움을 주고 있다.

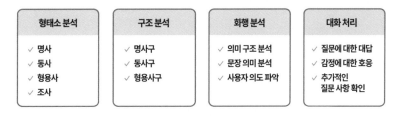

▲ 전통적인 자연어 처리

인공지능 분야에서의 자연어 처리(Natural Language Processing, NLP)는 인간의 언어를 기계적으로 처리하고 이해하는 인공지능 분야 중 하나이다. 과거의 자연어 처리 방법은 주로 언어 규칙(rule-based) 기반으로 구성되어 있었다. 즉, 문법적인 규칙을 사용하여 자연어를 이해하고 처리하는 방법이었다. 이 방법은 처리할 수 있는 자연어의 종류와 문법 규칙의 복잡성에 매우 제한이 있었다.

하지만 현재는 기계학습(Machine Learning)을 기반으로 한 NLP가 주류이고 이전의 규칙 기반 방법보다 훨씬 더 정확하고 유연한 자연어 처리가 가능해졌다. 또한 딥러닝을 이용한 자연어 처리 기술의 발전으로 텍스트 분류, 감성 분석, 기계 번역 등 다양한 응용 분야에서 매우 뛰어난 성능을 보이고 있다.

또한 최근에는 전이학습(Transfer Learning)이라는 기법도 자연어 처리 분야에서 많이 사용된다. 전이학습은 이미 학습된 모델을 다른 작업에 적용하여 학습 속도와 정확도를 향상시키는 방법이다. 이 방법은 데이터가 적거나 한정된 상황에서도 높은 성능을 보이며, 자연어 처리 분야에서도 다양하게 활용되고 있다.

한국인의 영어 학습 방법의 변화와 자연어 처리(ChatGPT를 포함한)의 방법은 문법 위주에서 실생활의 영어 단어와 문장을 바탕으로 실력이 향상되어 가는 시대적으로 유사한 흐름을 보인다.

ChatGPT로 문법 분석하기

상황   '나는 학교에 갔다. 나는 갔다. 학교에.' 영어를 공부하던 어린 A양을 가장 힘들게 했던 것은 문법이었다. 주어, 동사, 서술어, 목적어, 부사어…. 영어와 한국어, 이 두 언어에서 문법을 부르는 방법도 다르고, 문장의 구조를 파악하는 일은 더 어려웠다. ChatGPT에게 물어보는 건 어떨까? 꽤 친절하게 설명해 줄 것 같은 기분이 든다.

문장 분석을 통해서 한국어 문법과 영어 문법을 비교해 보고자 한다.

1 문장 제시하고 문법 분석하기

 다음 문장의 문법을 분석해 줘.
과거에는 대부분 지도학습(Supervised Learning) 방법이 사용되었습니다.

 [과거에는][대부분]지도학습(Supervised Learning) 방법이][사용되었습니다].

- **주어**(subject): 대부분 지도학습(Supervised Learning) 방법이

- **동사**(verb): 사용되었습니다

- **시제**(tense): 과거(past)

- **부사**(adverb)구: 과거에는, 대부분

해설:

- "과거에는"은 시간 부사로서 전체 문장의 시제를 과거로 설명합니다.

- "대부분"은 주어 "지도학습 방법을 한정하는 한정사적 부사입니다.

- "지도학습(Supervised Learning) 방법이"는 주어로서 사용되었고, 괄호 안의 "Supervised Learning"은 지도학습 방법의 세부적인 설명입니다.

- "사용되었습니다"는 과거 시제의 동사로서, 주어 "지도학습 방법"에 대한 동작을 나타냅니다.

◁» 🗗 👍 👎 🗘 ⌄

Whether you're new to programming or an experienced developer, it's easy to learn and use Python.

위의 영어 문장의 문법을 분석해 줘.

- **주어**: it
- **동사**: is
- **보어**: easy
- **접속사**: Whether (관계 부사)
- **수식어구**: you're new to programming or an experienced developer

해설:

- 'Whether'는 접속사로서, 뒤에 오는 내용과 대조되는 두 가지 선택지 중에서 하나를 선택할 때 사용합니다.

- "you're new to programming or an experienced developer."은 수식어 구로서 주어 'it'의 성질을 구체화하여, 누구나 쉽게 배우고 사용할 수 있는 파이썬에 대한 대상을 명시합니다.

- 'it's'는 주어 'it'와 함께 쓰여, '쉽다'는 보어로 이어집니다.

- "easy to learn and use Python"은 'it'의 성질에 대한 구체적인 설명으로서, Python을 배우고 사용하기 쉽다는 내용을 나타냅니다.

◁» 🗗 👍 👎 🗘 ⌄

ChatGPT와 토론하기

상황　대학 입학을 준비하고 있는 D 군은 토론형 심층 면접 공부에 매진하고 있다. 어릴 때부터 책을 많이 읽고 시사에 관심이 많아 다양한 지식을 가지고 있어 토론에는 자신이 있지만 큰 약점을 한 가지 갖고 있다. 바로 너무 공격적이라는 것. 그러다보니 자연스럽게 같이 토론 연습할 상대를 고르기도 어렵다. 챗GPT가 토론 연습 상대가 되어 준다면 어떨까?

1 인공지능의 미래에 대해 토론 주제와 세부 내용을 정하기

 인공지능에 의해 미래에 인간이 지배될 것이라 보는 토론 주제를 정해 줘.

 "인공지능에 의해 미래에 인간이 지배될 가능성은 있을까?"

◁》 🗇 👍 👎 🔄 ⌄

 그 토론 주제에 맞는 세부 논의 사항을 3가지만 제시해 줘.

 1. 인공지능의 의사결정 능력과 인간의 존재 가치

인공지능이 인간과 동등한 또는 그 이상의 의사결정 능력을 갖게 된다면. 인간이 가지고 있는 가치는 무엇인가? 인간과 인공지능 사이에서의 가치 차이와 갈등은 어떤 영향을 미칠까?

2. 인공지능의 발전과 사회적인 구조의 변화

◁》 🗇 👍 👎 🔄 ⌄

2 토론 주제와 세부 내용으로 토론하기

 미래에는 인공지능이 인간을 지배하게 될까?

 현재로서는 그런 가능성은 불가능에 가깝습니다. 인공지능 기술이 발전하면서 인공지능 시스템은 인간의 능력을 대체하고 상당한 분야에서 우수한 성능을 발휘할 수 있게 되었습니다. 하지만 인공지능이 인간을 지배하게 될 가능성은 아직까지 존재하지 않습니다.

일반적으로 우리가 보는 인공지능은 제한된 영역에서 작업하는 '좁은 AI(Narrow AI)'입니다. 이러한 인공지능 시스템은 우리가 인식하고 처리할 수 있는 한정된 분야에서 작업하며, 목적이 명확하고 정의된 작업을 수행합니다. 따라서 현재로서는 인공지능이 인간을 지배하게 될 가능성은 낮습니다.

◁» 🗇 👍 👎 ⟳ ⌄

 하지만 영화에서는 인간을 능가하는 인공지능이 등장하고 있는데 이에 대한 생각은 어떤가?

 영화에서는 종종 인간을 능가하는 인공지능이 등장합니다. 하지만 이러한 표현은 상상력과 판타지의 영역에 속하며, 실제로는 그렇게까지 발전한 인공지능 기술이 존재하지 않습니다.

영화에서 그린 인공지능은 우리가 현재까지 개발한 인공지능보다 훨씬 높은 수준의 인식과 판단 능력, 창의성, 감성 등을 가지고 있습니다. 하지만 현재의 인공지능 기술은 이러한 영화 속 인공지능의 능력과 규모에 비해 매우 한계가 있습니다.

◁» 🗇 👍 👎 ⟳ ⌄

 인공지능이 발전하면서 인간보다 기술이 뛰어나게 되고 인간의 직업을 빼앗기도 하는데 이것은 인간의 지배라고 보기 어려운가?

 인공지능 기술의 발전으로 인해 인간의 직업이 대체될 가능성은 있습니다. 하지만 이러한 상황이 인간의 지배라고는 볼 수 없습니다.

우선 인공지능 기술은 인간의 명령에 따라 일을 수행하는 것이므로 인간이 프로그램을 만들고 운영하는 것이 가능한 한도 내에서 일을 수행합니다. 인공지능이 인간을 지배하려면 인공지능 자체가 자율적으로 의사결정을 내리고 행동을 수행하는 상황이 되어야 합니다. 그러나 현재까지 개발된 인공지능은 이러한 자율적 의사결정 능력이 부족하며, 항상 인간의 지시에 따라 작동합니다.

◁» 🗇 👍 👎 ⟳ ⌄

8 ChatGPT와 수학 문제 만들기

상황 학생들에게 수학을 가르치는 A 선생님은 학생들의 수준이 너무 달라서 어려움을 겪고 있다. 학생들의 수준에 맞는 문제를 바로 바로 만들어 주고 싶은 A 선생님은 보조교사의 도움이 필요하다. Chat GPT가 그 역할을 할 수 있을까?

프로그래밍 개발자가 설계하여 개발하고자 하는 프로그램을 제안하면 그에 맞는 코드를 만들어 준다.

1 초등 1학년 학생을 위한 덧뺄셈 문제 만들기

초등학교 1학년 학생이 풀기 적당한 수학 문제 5가지 만들어 줘.

1. $5 + 3 = ?$
2. $2 + 7 = ?$
3. $4 - 2 = ?$
4. $3 + 2 + 1 = ?$
5. $6 - 4 + 2 = ?$

◁)) ⎘ 👍 👎 ↻⌄

2 초등 6학년 학생을 위한 문장제 문제 만들기

초등학교 6학년 학생들에게 맞는 수학 문장제 문제 만들어 줘.

1. 직각삼각형의 빗변의 길이가 10cm이고 한 빗변의 길이가 6cm일 때, 나머지 한 빗변의 길이는 얼마인가요?
2. 규칙성을 가진 수열 2, 5, 8, 11, …. 에서 다음에 올 숫자는 무엇인가요?
3. 두 수의 최소공배수가 36이고, 그 중 하나의 수는 12일 때, 다른 하나의 수는 얼마인가요?
4. 원의 둘레의 길이가 12πcm일 때, 이 원의 지름의 길이는 얼마인가요?

◁)) ⎘ 👍 👎 ↻⌄

3 **중학생을 위한 방정식 문제 만들기**

중학생을 위한 방정식 문제를 만들어 줘.

1. x + 3 = 8 인 x의 값은 무엇인가요?

2. 2x + 5 = 17인 x의 값은 무엇인가요?

3. 3x − 2 = 4x + 1인 x의 값은 무엇인가요?

4. 2(x − 3) + 5 = 3x + 1 인 x의 값은 무엇인가요?

5. 3(x + 2) − 2x = 4x + 1 인 x의 값은 무엇인가요?

◁)) ⎙ 👍 👎 ↻ ⌄

📎 **Tip**

ChatGPT 개인 지도 선생님

멀티모달이 지원되는 버전에서 ChatGPT의 능력은 굉장하다. 특히 수학 문제를 인식하고 푸는 능력이 돋보이는데 다음과 같은 1차 방정식 문제의 풀이 과정을 알고 싶다면 사진만 찍으면 된다. 아래와 같이 문제에 대한 풀이까지 제시해 준다. 이미지를 인식하고, 이미지에서 손글씨를 추출하여 방정식 문제의 풀이 과정을 출력하는 복잡한 기능이지만 아주 쉽게 해낸다.

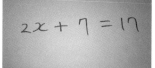

이 문제에서 미지수 x를 구해 줘.

주어진 방정식은 2x +7 = 17입니다. 이 방정식을 풀어 x를 구하겠습니다.

1. 양변에서 7을 뺍니다.

$$2x + 7 − 7 = 17 − 7$$
$$2x = 10$$

2. 양변을 2로 나눕니다.

$$\frac{2x}{2} = \frac{10}{2}$$
$$x = 5$$

따라서 이 방정식의 해는 x = 5입니다.

◁)) ⎙ 👍 👎 ↻ ⌄

---

9 ChatGPT로 요리 레시피 만들기

상황   A와 B는 평소에 이것저것 음식을 섞어먹는 것을 좋아한다. 수정과에 크림빵이나 매운 라면에 감자과자 등 성공하는 조합도 있지만, 실패하는 조합도 있다. 문득 둘은 자기들의 시도가 단순히 섞어먹는 것을 넘어 새로운 요리 레시피가 될지도 모르겠다는 생각이 들었다. 혹시 ChatGPT도 이와 유사하게 세상에 없던 요리 레시피를 만들어 낼 수 있을까?

    인터넷에는 수많은 레시피가 존재하고 ChatGPT는 엄청나게 많은 레시피를 학습했다. 거기다 순서에 맞게 절차적으로 방법을 제시하는 것은 컴퓨터가 가장 잘 하는 일이다. 만들어 먹고 싶은 음식의 레시피를 물어보자.

1 봉골레 파스타 만들기

 봉골레 파스타 레시피를 만드는 순서에 맞게 작성해 줘.

 네, 좋습니다! Vongole 파스타를 만드는 단계별 가이드는 다음과 같습니다.

재료:

링귀니 또는 스파게티 1파운드(450g)

문질러 깨끗이 씻은 신선한 조개 2파운드(900g)

올리브 오일 4큰술

다진 마늘 4쪽

고춧가루 1/2작은술(기호에 따라 조절)

화이트 와인 1/2컵

다진 신선한 파슬리 1/4컵

맛에 소금과 후추

레몬 웨지(선택사항, 서빙용)

가이드:

1. **파스타 삶기**: 큰 냄비에 소금물을 채우고 끓입니다. 적절한 식감으로 익힌 상태가 될 때까지 패키지 설명서에 따라 링귀니 또는 스파게티를 조리합니다. 물을 빼고 따로 보관하십시오.

---

2. **조개 준비**: 조개를 찬물에 헹구고 문질러 흙이나 모래를 제거합니다. 열려 있거나 금이 간 모든 조개를 버립니다. 깨끗이 씻은 조개를 찬물에 소금을 뿌린 채 20분 정도 담가둡니다. 이렇게 하면 남아 있는 모래나 모래를 방출하는 데 도움이 됩니다.

3. **조개 요리하기**: 큰 프라이팬이나 냄비에 올리브 오일을 중불로 가열합니다. 다진 마늘과 고춧가루를 넣고 마늘 향이 날 때까지 1분 정도 볶습니다. 마늘이 타지 않도록 주의하세요.

4. **조개 추가**: 조개를 바닷물에서 빼내고 프라이팬에 추가합니다. 화이트 와인을 붓고 프라이팬에 뚜껑을 덮습니다. 약 5~7분 동안 또는 조개가 열릴 때까지 요리합니다. 닫혀 있는 조개는 모두 버리십시오.

5. **프라이팬에서 조개 꺼내기**: 홈이 있는 숟가락이나 집게를 사용하여 익힌 조개를 그릇에 옮기고 프라이팬에 익힌 액체는 그대로 둡니다. 조개의 절반 정도에서 빈 껍질을 제거하고 나머지는 표시할 수 있도록 껍질에 그대로 둡니다.

6. **소스 완성**: 불을 중불로 높이고 조리용 액체가 약간 걸쭉해질 때까지 몇 분 동안 줄입니다. 소금과 후추로 간을 합니다.

7. **파스타에 소스 첨가**: 익힌 파스타를 조리액을 줄인 프라이팬에 넣고 모든 것을 함께 버무려 파스타가 소스의 풍미를 흡수하도록 합니다.

8. **서빙**: 잘게 썬 파슬리와 함께 파스타와 함께 프라이팬에 조개를 다시 넣습니다. 결합하기 위해 부드럽게 던지십시오. 파스타를 서빙 접시에 옮기고 조개가 고르게 분포되도록 합니다. 추가 파슬리로 장식하고 원하는 경우 레몬 웨지와 함께 제공합니다.

맛있는 봉골레 파스타를 즐겨보세요!

🔊 ⧉ 👍 👎 ↻ ˅

2 파스타 면의 종류 살펴보기

 봉골레 파스타와 어울리는 색다른 면을 추천해 줘.

 봉골레 파스타에 어울리는 색다른 면으로는 새콤달콤한 맛의 레몬 타리아텔레를 추천해 드립니다. 레몬 향이 가미된 이 면은 봉골레 파스타의 진한 맛을 잘 상쇄해 주어 좀 더 신선하고 가벼운 느낌을 줍니다. 또한, 토마토를 넣어 만든 토마토 플로리안이나 스피나치를 사용한 스피나치 플로리아도 봉골레 파스타와 잘 어울립니다. 이렇게 다양한 색상과 맛의 면을 사용하면 봉골레 파스타의 맛을 색다르게 즐길 수 있습니다.

🔊 ⧉ 👍 👎 ↻ ˅

ChatGPT로 만들 수 있는 음식 정보 받기

상황   냉장고를 열어보니 참치, 스팸, 김치, 양파가 있다. 도대체 이것으로 뭘 할 수 있을까? 검색 엔진에 검색했더니 다른 추가적인 재료가 들어가는 것이 너무 많다. ChatGPT에게 도와 달라고 해 보자.

재료가 있는 사진 주소를 첨부하여 만들 수 있는 음식을 알려 달라고 하면 그에 대한 정보를 알려준다.

▲ 예시 사진(출처: 픽사베이)

---

https://cdn.pixabay.com/photo/2017/09/16/19/21/salad-2756467_960_720.jpg
이 그림에 있는 재료로 만들 수 있는 음식을 알려 줘.

예시 답변 1

 사진에 보이는 재료로 샐러드를 만들 수 있을 것 같습니다. 재료에는 양상추, 토마토, 오이, 적양파, 그리고 치즈로 보이는 것이 포함됩니다. 양상추를 씻어서 다진 다음 얇게 썬 토마토와 오이를 넣는 것으로 시작할 수 있습니다. 다음으로 얇게 썬 적양파와 치즈를 넣고 부서지거나 작은 조각으로 자를 수 있습니다. 샐러드를 드레싱하려면 발사믹 비네그레트 또는 렌지 드레싱과 같은 원하는 드레싱이나 비네그레트를 사용할 수 있습니다. 크런치를 위해 크루통이나 견과류와 같은 다른 재료를 추가할 수도 있습니다.

🔊 🗍 👍 👎 🔄 ⌄

사진에 담겨 있는 재료에 따라서 만들 수 있는 다양한 음식의 예가 나온다.

이미지를 공유해 주셔서 감사합니다. 사진에 있는 재료를 바탕으로 만들 수 잇는 몇 가지 음식 아이디어는 다음과 같습니다.

1. 야채와 새우볶음: 피망, 양파, 새우를 이용하면 향긋하고 알록달록한 볶음 요리를 만들 수 있다. 양파가 투명해질 때까지 기름에 볶고 피망과 새우를 넣고 익을 때까지 볶습니다. 간장, 마늘, 생강 또는 원하는 다른 향신료로 간을 할 수 있습니다.

2. 야채와 새우꼬치: 피망, 양파, 새우를 꼬치에 끼우고 굽거나 구우면 맛있고 건강한 에피타이저나 메인 요리로 드실 수 있습니다. 요리하기 전에 원하는 마리네이드로 닦을 수 있습니다.

3. 새우 야채 볶음밥: 새우, 양파, 피망을 사용하여 맛있는 볶음밥 요리를 만들 수 있습니다. 밥을 짓고 야채와 새우를 팬에 볶은 다음 밥과 함께 섞기만 하면 됩니다. 계란, 간장 및 기타 조미료를 추가하여 풍미를 높일 수 있습니다.

4. 새우와 야채 파스타: 새우, 양파, 피망을 사용하여 풍미있는 파스타 요리를 만들 수 있습니다. 팬에 야채와 새우를 볶고 좋아하는 파스타와 소스를 함께 섞기만 하면 됩니다. 접시를 장식하기 위한 치즈나 허브를 추가할 수 있습니다.

이것은 몇 가지 아이디어에 불과하지만 이러한 재료로 만들 수 있는 더 많은 요리법이 있습니다. 자유롭게 창의력을 발휘하고 다양한 맛과 요리를 실험해 보세요!

11 ChatGPT로 홍보 안내문 만들기

상황　다양한 행사가 실시되는 달이다. 이곳저곳에서 행사 공문이 쏟아지고 있고 이를 안내하고 홍보해 달라고 한다. 많은 사람들이 참여하기 위한 적절한 홍보 안내문을 쉽게 쓸 수 없을까?

　공문은 필요한 내용만 개요식으로 작성돼 있기 때문에 홍보를 위한 안내문이나 홍보문, 보도문을 작성하는 데는 한계가 있다. ChatGPT로 안내문을 작성하여 홍보 효과를 올려 보자.

1 공문 글을 안내문으로 작성하기

다음을 홍보할 수 있는 안내문이나 보도문으로 작성해 줘.

[제19회 대한민국 청소년 박람회 개최 안내 및 참가 협조 요청]

여성가족부와 인천광역시가 5월 청소년의 달을 맞이하여 '제19회 대한민국 청소년 박람회'를 다음과 같이 개최하오니, 학생들에게 적극적으로 안내해 주시고 참가를 희망하는 학교는 기한 내에 신청서를 해당 기관에 제출하여 주시기 바랍니다.

가. **행사명**: 제19회 대한민국 청소년 박람회

나. **기간**: 2023. 5. 25.(목) ~ 5. 27.(토)

다. **장소**: 송도 컨벤시아(인천광역시 연수구 센트럴로 123)

라. **주최/주관**: 여성가족부, 인천광역시/한국청소년활동진흥원, 인천광역시청소년활동진흥센터

마. **대상**: 초·중·고등학생

바. **주요 프로그램**

    1) 총 200여 개(단체, 기업, 공공기관, 정부부처 등) 전시·체험 부스 상설 운영

    2) 청소년이 선호하는 멘토 초청 특강

    3) 전국 청소년 탤런트 경연대회(댄스, 노래, 퍼포먼스 등)

    4) 연예인 공연 및 인천광역시 청소년 정책 한마당(정책 부스, 제안대회 등)

    5) 인천광역시 청소년 동아리 축제 및 행운권 추첨

[제19회 대한민국 청소년 박람회]

여러분께 안내 드리는 제19회 대한민국 청소년 박람회는 5월 청소년의 달을 맞이하여 여성가족부와 인천광역시에서 개최하는 대규모 청소년 행사입니다.

이번 박람회는 초·중·고등학생을 대상으로 3일간(5.25~5.27) 인천 송도 컨벤시아에서 개최됩니다. 총 200여 개의 전시 및 체험 부스가 상설 운영되며, 청소년들이 즐길 수 있는 다양한 프로그램이 마련되어 있습니다.

전국 청소년 탤런트 경연대회를 비롯하여, 연예인 공연, 멘토 초청 특강, 인천광역시 청소년 정책 한마당, 그리고 청소년 동아리 축제 등 흥미로운 프로그램이 준비되어 있습니다.

학교에서는 학생들에게 적극적으로 안내하여 참가를 유도하시고, 참가 희망 학교는 기한 내에 신청서를 해당 기관에 제출하여 주시기 바랍니다.

제19회 대한민국 청소년 박람회에 참가하여 청소년들이 즐겁게 놀고 배우며 성장할 수 있는 기회가 되기를 바랍니다.

감사합니다.

조금 더 부드럽게 만들어 줘.

 개정 보도자료: 제19회 대한민국 청소년 박람회 안내 및 참가 초대

안녕하세요! 여성가족부와 인천광역시에서는 5월 청소년의 달을 맞이하여 「제19회 대한민국 청소년 박람회」를 개최합니다. 이번 행사는 초·중·고등학생을 대상으로, 총 200여 개의 전시·체험 부스와 청소년이 선호하는 멘토 초청 특강, 전국 청소년 탤런트 경연대회, 연예인 공연 등 다양한 프로그램이 준비되어 있습니다.

제19회 대한민국 청소년 박람회는 2023년 5월 25일부터 27일까지 송도 컨벤시아에서 열리며, 한국청소년활동진흥원과 인천광역시청소년활동진흥센터가 함께 주최 및 주관합니다. 학생 여러분들께서는 적극적으로 참가해 주시기 바랍니다. 또한, 참가를 희망하는 학교는 기한 내에 신청서를 해당 기관에 제출하여 주시기 바랍니다.

자세한 사항은 아래의 안내문을 참고해 주세요. 많은 참여 부탁드립니다!

2 동아리 홍보문 작성하기

고등학교 신입생을 대상으로 동아리를 홍보하는 안내문이 필요해. 동아리 이름은 국제 교류 동아리야. 국제기구 본부 견학, 외국 학생들과의 교류, 국제 관련 독서 활동, 세계로 나아가는 글로벌 교류 활동을 하는 동아리야.

 안녕하세요! 국제 교류 동아리를 소개하는 안내문을 작성해 드리겠습니다.

우리 국제 교류 동아리는 국제기구 본부 견학, 외국 학생들과의 교류, 국제 관련 독서 활동, 세계로 나아가는 글로벌 교류 활동을 통해 다양한 문화와 경험을 공유하는 동아리입니다.

우리 동아리는 국제 관련 분야에 관심이 있는 고등학교 신입생들을 대상으로 활동하며, 다양한 국적의 학생들이 함께 활동하고 있습니다. 국제기구 본부 견학을 비롯해 외국 학생들과의 교류, 국제 관련 독서 활동 등을 통해 세계의 문화와 다양성을 경험하고 배울 수 있습니다.

또한, 우리 동아리는 글로벌 교류 활동을 중심으로 다양한 프로그램을 운영하고 있습니다. 해외 연수 프로그램, 국제 모의 유엔 대회 참가 등을 통해 세계 어디에서나 활동할 수 있는 능력을 함양할 수 있습니다.

우리 동아리는 학생들이 다양한 문화와 경험을 공유하며 세계 시민으로 성장하는 곳입니다. 국제 관심을 가지고 있는 모든 학생들의 많은 참여를 기다리고 있습니다.

감사합니다!

국제 행사 및 대회 참여는 없으니 빼 줘. 국제기구 본부 견학, 외국 학생들과의 교류, 국제 관련 독서 활동, 글로벌 교류 활동에 대해 자세히 설명해 줘.

물론입니다. 국제기구 본부 견학은 국제기구의 본부나 사무소를 방문하여 해당 기구의 구성원들과의 만남을 통해 국제기구의 역할과 기능, 국제 협력과정, 국제 정치 등을 배울 수 있는 활동입니다. 국제기구는 유엔을 비롯한 국제기구들이 있으며, 각각의 국제기구들은 그들이 담당하는 분야에서 세계적인 문제를 다루고 있으므로, 국제기구 본부 견학을 통해 이러한 문제들에 대한 이해를 높일 수 있습니다.

외국 학생들과의 교류는 다양한 나라의 학생들과 교류하여 서로의 문화나 전통, 언어 등을 배우고 이해하며, 서로의 시각과 경험을 나누는 활동입니다. 이는 미래에 국제적인 업무를 하게 될 때, 서로의 문화적 차이를 이해하고 존중하는 능력을 키우는 것뿐만 아니라, 다양한 아이디어와 관점을 얻어 전략적인 사고력을 키울 수 있는 좋은 기회가 될 수 있습니다.

국제 관련 독서 활동은 국제 정치, 국제 경제, 국제 법 등 다양한 국제 관련 주제의 책을 읽고 토론하는 활동입니다. 이를 통해 다양한 국제 이슈에 대한 이해와 시각을 넓히는 것은 물론, 해외에서 일하는 직장인이나 미래의 국제 업무를 담당할 사람으로서 필요한 지식과 역량을 쌓을 수 있습니다.

글로벌 교류 활동은 국제 기구, 대사관, 국제 비즈니스 등 다양한 분야에서 진행되는 교류 프로그램에 참여하는 활동입니다. 이러한 활동을 통해 다양한 문화와 사람들을 만나며, 글로벌 네트워크를 형성하고 다양한 경험을 쌓을 수 있습니다. 이는 미래에 국제적인 일을 하게 될 때, 유용한 인적 자원을 확보하는 것뿐만 아니라, 다양한 도전과 문제에 대해 창의적으로 대처하는 능력을 갖추는 데도 도움이 됩니다.

끝까지 완성해 줘.

 간단히 말씀드리면, 이러한 국제 관련 활동들은 미래에 국제적인 업무를 하게 될 때, 전문성과 리더십을 발휘할 수 있도록 준비하는 데 큰 역할을 합니다. 이외에도, 다양한 문화와 사람들을 경험하며 다양한 시각을 키우는 것은 인간적으로도 큰 가치를 지니며, 글로벌 시대에서 살아가는데 필수적인 역량을 갖추는 데 도움이 됩니다. 따라서 국제 관련 활동에 참여하는 것은 꼭 추천하고 싶습니다.외 연수 프로그램, 국제 모의 유엔 대회 참가 등을 통해 세계 어디에서나 활동할 수 있는 능력을 함양할 수 있습니다.

우리 동아리는 학생들이 다양한 문화와 경험을 공유하며 세계 시민으로 성장하는 곳입니다. 국제 관심을 가지고 있는 모든 학생들의 많은 참여를 기다리고 있습니다.

감사합니다!

 자세한 설명 고마워. 이 내용들을 간단하게 줄일 수 있을까?

 물론입니다. 국제 관련 활동은 미래에 국제적인 일을 하게 될 때 필요한 역량을 키우는 좋은 기회이며, 다양한 문화와 사람들을 만나며 시야를 넓힐 수 있는 활동입니다. 이는 인간적인 가치를 지니는 것 뿐만 아니라, 글로벌 시대에서 살아가는데 필수적인 역량을 갖추는 데 도움이 됩니다. 따라서 국제 관련 활동은 꼭 추천하고 싶습니다.

 너무 짧다. 열 줄 정도로 작성해 줘.

 국제 관련 활동은 미래에 국제적인 업무를 수행할 때 필요한 역량을 키우는데 매우 중요합니다. 이러한 활동들은 다양한 문화와 사람들을 만나며 시야를 넓히는 좋은 기회이며, 인간적인 가치 뿐만 아니라 글로벌 시대에서 살아가는데 필수적인 역량을 갖출 수 있습니다.

국제기구 본부 견학, 외국 학생들과의 교류, 국제 관련 독서 활동, 글로벌 교류 활동 등이 그 예시입니다. 이러한 경험들은 리더십과 전문성을 발휘할 수 있는 능력을 갖추는 데 도움이 되며, 글로벌 업무에 능동적으로 대처할 수 있는 능력도 함양할 수 있습니다.

따라서 국제 관련 활동은 매우 유익하며 추천합니다.

이건 일곱 줄이잖아. 400자 정도로 작성해 줘.

국제 관련 활동은 글로벌 시대에서 살아가는 데 필요한 역량을 갖추기 위한 중요한 활동입니다. 국제기구 본부 견학, 외국 학생들과의 교류, 국제 관련 독서 활동, 글로벌 교류 활동 등을 통해 다양한 문화와 사람들을 만나며 시야를 넓힐 수 있습니다. 이러한 경험은 개인의 자신감을 강화하고, 리더십과 전문성을 발휘하는 능력을 함양할 수 있습니다.

또한 국제 관련 활동은 인간적인 가치뿐만 아니라 글로벌 업무에 능동적으로 대처할 수 있는 능력도 함양할 수 있습니다. 개인의 역량 발전뿐만 아니라, 학업적, 직업적 진로 선택에도 큰 도움이 됩니다. 이러한 경험을 최대한 활용하여, 개인의 발전과 사회적인 기여를 동시에 이루어낼 수 있습니다.

하지만 국제 관련 활동을 참여하기 위해서는 자신의 관심 분야와 목표를 잘 파악하고, 참여하고자 하는 활동의 목적과 내용을 충분히 이해하는 것이 중요합니다. 또한 참여할 활동의 선정과 계획, 예산 등을 충분히 고려하여 적극적으로 참여해야 이러한 경험을 최대한 활용할 수 있습니다.

총괄적으로 보면, 국제 관련 활동은 개인의 역량과 경험을 강화하며, 글로벌 시대에서 살아가는 데 필요한 역량을 갖추는 데 도움이 되는 매우 중요한 활동입니다. 이러한 경험을 최대한 활용하여, 개인의 발전과 사회적인 기여를 동시에 이루어낼 수 있습니다.

대화를 이어 나가다 보면 내용 작성을 하다가 멈출 때가 있다. 이럴 때는 당황하지 말고 끝까지 완성해 달라고 요구하면 내용 작성을 이어간다. 또 사람에게 익숙한 용어보다는 컴퓨터가 이해할 수 있는 내용으로 요청을 해야 한다. '열 줄'이 아닌 '400자'!

ChatGPT로 코딩하기

상황 코딩은 다양한 소프트웨어를 만들어 컴퓨터의 엄청난 힘을 이용하고, 협업하기 위해서 반드시 필요한 능력으로 중요성이 점점 커져가고 있다. 각 기업에서는 코딩을 할 수 있는 개발자를 구하기 위해 엄청나게 노력하며 높은 임금을 제시한다는 기사도 쉽게 찾아볼 수 있다. 이는 코딩이 그만큼 중요한 능력이라는 점을 말해주는 동시에 진입 장벽이 얼마나 높은지를 반증하기도 한다. 이는 코딩을 잘 하기 위해서 컴퓨팅 시스템에 대한 이해, 프로그래밍 언어에 대한 숙련도, 논리적 사고 능력 등 다양한 능력이 필요하기 때문이다.

ChatGPT는 코딩에 대한 진입 장벽을 조금은 낮춰 줄 수 있다. 내가 원하는 소프트웨어를 질문하면 바로 만들어 주기 때문이다. 어떻게 이런 것이 가능할까? 비밀은 ChatGPT가 학습한 데이터에 있다. 바로 전세계 개발자들로부터 사랑 받으며 가장 방대한 양의 오픈소스를 가지고 있는 깃허브(GitHub)를 학습시켰기 때문이다. ChatGPT의 자연어 처리 능력으로 사용자의 의도를 파악하고, 깃허브에서 학습한 데이터로 그에 맞는 코드를 제시하는 형식이다. 코드뿐만 아니라 코드에 대한 주석과 사용 설명까지 상세하게 제시되니 코딩에 대한 문턱을 확 낮추어 준다. 코딩을 전혀 경험해 본적 없는 독자라도 아래 설명만 잘 따라 온다면 짧은 시간 안에 개발자가 될 수 있다.

프로그래밍 개발자가 설계하여 개발하고자 하는 프로그램을 제안하면 그에 맞는 코드를 만들어 준다.

1 코드 추천 받기

코딩을 처음 배울 때는 문법을 익히기 위해 예시 코드를 요청할 수 있다. 다음과 같이 제시한다.

Tip

지원하는 언어

ChatGPT에서 사용할 수 있는 언어에 대해서 물어보면 다음과 같이 대답한다. 다양한 언어를 지원할 수 있지만 대표적으로 파이썬(Python), 자바(Java), 자바스크립트(JavaScript), C++, C#, PHP에 대해서 설명하고 있다. 이는 깃허브(GitHub)에서 실제로 많이 사용되는 언어 순위와 거의 일치한다.

2024년 1분기 Pushes 순위

깃허브(Github)에서 Push는 내가 작업한 것을 깃허브 서버에 올리는 기능입니다.
Push 기능에서 자주 사용된 개발 언어 순위를 알아보겠습니다.

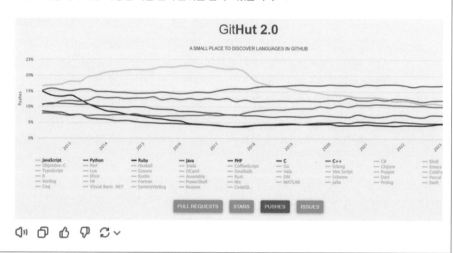

 네가 할 수 있는 프로그래밍 언어에는 어떤 게 있니?

제가 사용할 수 있는 프로그래밍 언어에는 다음이 포함됩니다:

1. **Python**: 데이터 분석, 자동화, 웹 개발, 머신러닝 등 다양한 분야에서 사용

2. **JavaScript**: 웹 개발(프론트엔드 및 백엔드), 인터랙티브 웹 애플리케이션

3. **HTML/CSS**: 웹 페이지 구조와 스타일링SQL: 데이터베이스 쿼리 및 관리

4. **Java**: 애플리케이션 개발 및 안드로이드 앱 개발

5. **C/C++**: 성능이 중요한 애플리케이션 개발

6. **PHP**: 서버 사이드 웹 애플리케이션R: 통계 분석 및 데이터 시각화

7. **Bash/Shell Scripting**: 시스템 관리 및 자동화

8. **Ruby**: 웹 애플리케이션 개발

이 외에도 다양한 도구와 라이브러리를 활용할 수 있습니다. 특정 언어로 도움이 필요하면 언제든지 말씀하세요!

◁» ⎘ 👍 👎 ⟳ ⌄

2 코드 실행시키기

ChatGPT가 작성한 코드가 정상적으로 작동하는지 알아보기 위해서는 IDE를 이용하는 것이 편리하다. 그 중에서 구글에서 제공하는 코랩(Colab)은 구글 클라우드를 이용할 수 있어서 언제 어디서든 동일한 사용 환경을 제공하며, 강력한 컴퓨팅 파워를 발휘할 수 있기 때문에 널리 사용된다. 다음은 코랩에 파이썬 코드를 입력하여 실행시킨 결과이다.

Colab 사용 방법

1 구글 계정으로 로그인합니다.

2 구글 Colab 웹 페이지로 이동합니다.

3 '새 Python3 노트' 또는 '새 노트'를 클릭하여 노트북을 생성합니다.

4 코드를 입력합니다. 코드 셀은 코드를 입력하고 실행할 수 있는 영역입니다. 각 셀은 실행 후 결과를 출력합니다. Markdown 셀은 텍스트 셀로, 설명문이나 문서 작성을 할 수 있습니다.

5 코드를 실행하려면 셀을 선택하고 Shift + Enter 를 누릅니다. 코드 실행이 끝나면 새 셀이 생성되며, 결과가 출력됩니다.

6 코드의 수정, 추가, 삭제 등이 필요한 경우, 셀을 선택하고 수정 후 다시 Shift + Enter 로 실행합니다.

7 노트북을 저장하려면 파일 메뉴에서 [노트 저장]을 클릭하거나, 단축키 Ctrl + S 를 사용합니다.

여기서 잠깐!

ChatGPT가 학습한 언어 모델

ChatGPT는 인간이 사용하는 자연어를 수집하여 학습한다. ChatGPT는 구미권(歐美圈)에서 탄생한 배경으로 영어를 가장 많은 데이터로 학습하였다. 그 다음이 중국어나 한국어가 아닌 프로그래밍 언어, 그중에서도 파이썬 코드를 가장 많은 학습 데이터로 사용했다고 한다.

13 ChatGPT로 논문 요약하고 이해하기

상황
영어로 작성된 논문을 읽고 연구 동향을 알고 싶다. 논문을 이해하려면 영어로 된 문장을 한글로 번역해야 하고, 다시 처음부터 꼼꼼히 읽어보아야 한다. 하지만 논문의 핵심 내용만 빠르게 확인하고 싶다.

논문의 내용을 요약하고, 논문의 내용 중 궁금한 것에 대한 답변을 제공해 준다.

논문 제목은 ChatGPT: A Meta-Analysis after 2.5 Months, 저자는 Christoph Leiter and Ran Zhang and Yanran Chen and Jonas Belouadi and Daniil Larionov and Vivian Fresen and Steffen Eger. 이 논문을 요약해 줘!

 이 논문은 ChatGPT라는 대화형 AI 모델의 2.5개월 간의 메타 분석 결과를 다룹니다.

ChatGPT는 대화형 인공지능 모델인 GPT-3.5의 기반을 이용하여 만들어졌습니다. 논문은 ChatGPT의 개발 과정과 모델의 성능 향상에 대한 세부 정보를 제공하고 있습니다.

ChatGPT는 영어를 포함한 다양한 언어로 훈련되어 있으며, 일상 대화뿐 아니라 지식 검색, 추론 등의 작업도 수행할 수 있습니다. 이 논문에서는 ChatGPT가 어떤 작업에서 성능이 우수한지, 어떤 한계가 있는지 등에 대해 분석하고 있습니다.

분석 결과, ChatGPT는 대부분의 일상 대화 작업에서 좋은 성능을 보였으며, 지식 검색과 추론 작업에서도 일정 수준의 성능을 보였습니다. 그러나 일부 복잡한 추론 작업에서는 아직 한계가 있었습니다.

이 논문은 ChatGPT 모델이 어떤 작업에서 유용하게 사용될 수 있는지에 대한 인사이트를 제공하며, 대화형 AI 모델의 발전 방향을 제시하고 있습니다.

◁» ⊡ ◻ ◻ ⟳ ⌄

 논문에서 말하는 ChatGPT의 한계는 뭐야

 논문에서는 ChatGPT의 성능이 아직 일부 작업에서 한계를 보인다고 언급하고 있습니다. 특히 복잡한 추론 작업에서는 성능이 좋지 않았습니다. 이는 ChatGPT가 훈련 데이터에 존재하지 않는 상황에서 적절한 대답을 제공하기 어렵다는 것을 의미합니다. 또한, ChatGPT가 다양한 언어로 훈련되어 있지만 모든 언어에서 좋은 성능을 보이지는 않습니다. 따라서 언어나 작업의 특성에 따라 ChatGPT의 성능이 달라질 수 있다는 점도 한계 중 하나입니다.

◁» ⊡ ◻ ◻ ⟳ ⌄

14 ChatGPT로 연설문 쓰기

상황 최근에 교장 선생님이 된 A씨는 고민이 많다. 방문하는 곳마다 기관의 대표로서 연설을 할 일도 많아지고, 주례사를 부탁해 오는 사람들도 많다. 그때마다 일일이 검색하고, 문구를 만들어 내기가 여간 어려운 일이 아니다.

연설을 하거나 남 앞에서 이야기할 때 대본이 있으면 편한 것이 사실이다. 거기다 전문적 지식이 필요한 분야라면 더욱 원고 쓰기가 쉽지 않다. ChatGPT는 분야를 막론하고 다양한 데이터를 탑재하고 있기 때문에 어떠한 주제라도 손쉽게 원고를 작성할 수 있다. 같은 명령어로 여러 버전의 연설문을 얻을 수 있기 때문에 마음에 드는 원고를 취사 선택할 수 있다.

1 전문 지식이 필요한 분야에 대한 연설문 쓰기

 인공지능의 필요성에 대해서 주장하는 연설문을 강한 어조로 써 줘.

 인공지능은 우리가 앞으로 직면할 가장 중요한 과제 중 하나입니다. 우리는 이제 인공지능이 가지고 있는 엄청난 가능성을 알고 있습니다. 그리고 우리는 이 기술을 활용함으로써 우리의 삶을 더 편리하고 효율적으로 만들 수 있습니다.

이제 우리가 필요한 것은 인공지능 기술을 개발하고 발전시키는 것입니다. 우리는 이 기술을 더욱 발전시키기 위해 많은 자원과 노력을 투자해야 합니다. 인공지능은 이미 우리의 삶에 깊숙이 뿌리내려 있습니다. 이제는 그것을 더욱 발전시켜서 우리가 살아가는 이 세상을 더욱 더 혁신적으로 만들어 나가야 합니다.

우리는 인공지능이 가지고 있는 잠재력을 완전히 이해할 필요가 있습니다. 인공지능은 우리가 해결해야 하는 많은 문제들에 대한 해답을 제공할 수 있습니다. 인공지능은 의학 분야에서 우리의 건강을 개선시키고, 교육 분야에서 우리의 학습 능력을 개선시킬 수 있습니다. 또한, 인공지능은 우리가 살아가는 이 세상을 더욱 지능적으로 만들어 줄 것입니다.

이제 우리는 더 많은 인공지능 기술을 개발하고, 이를 활용해 우리의 삶을 개선시켜야 합니다. 우리는 인공지능의 필요성을 절대적으로 인식해야 하며, 이 기술을 발전시키는 것에 우선순위를 두어야 합니다. 인공지능이 가지고 있는 무궁무진한 잠재력을 놓치지 말고, 우리는 이를 활용해 더욱 더 발전된 세상을 만들어 나가야 합니다!

◁ⁱ) ⎘ 👍 👎 ↻ ⌄

양자 컴퓨팅에 대한 투자가 필요하다는 내용의 연설문을 부드러운 어조로 써 줘.

 안녕하세요, 저는 양자 컴퓨팅 기술에 대해 말씀드리려고 합니다. 양자 컴퓨팅은 놀라운 가능성을 가지고 있습니다. 그러나 그만큼 발전하는 데에는 많은 시간과 노력이 필요합니다. 그렇기 때문에 양자 컴퓨팅 기술에 대한 투자는 매우 중요합니다.

우리는 양자 컴퓨팅이 가지고 있는 잠재력을 잘 알고 있습니다. 이 기술을 활용하면, 현재로부터 매우 멀리 떨어진 미래에서도 해결하기 어려운 문제들을 빠르게 해결할 수 있습니다. 하지만 이러한 가능성을 누리기 위해서는 양자 컴퓨팅 기술에 대한 지속적인 투자가 필요합니다.

그렇다면 우리는 양자 컴퓨팅 기술에 대한 투자를 왜 해야 할까요? 이는 우리의 미래를 위해서입니다. 양자 컴퓨팅은 우리가 직면하고 있는 많은 문제들을 해결할 수 있습니다. 우리는 이러한 잠재력을 놓치지 않고, 지속적으로 이 기술에 투자하여 미래를 더욱 밝게 만들어 나가야 합니다.

그러나 양자 컴퓨팅은 현재 여전히 초기 단계에 있습니다. 따라서 투자를 하는 것이 매우 중요하지만, 부드러운 어조로 말씀드리면 우리는 이러한 투자를 신중하게 계획하고, 적극적으로 참여해야 합니다. 이 기술의 발전에 기여하는 것은 우리의 미래를 위한 지혜로운 선택입니다. 이러한 선택이 우리의 미래에 얼마나 큰 영향을 미치는지를 생각해 볼 때, 양자 컴퓨팅에 대한 투자가 필요하다는 것을 더욱 명확하게 느낄 수 있습니다.

◁» ⬚ 👍 👎 ↻ ⌄

2 기본 정보를 입력 받아 주례사 쓰기

 신랑 김철수와 신부 김영희의 결혼식에서 가정의 평화를 기원하는 주례사를 써 줘.

 신랑 김철수와 신부 김영희의 결혼식에서, 저는 가정의 평화와 행복을 기원합니다.

결혼은 서로를 이해하고 존중하는 과정에서 시작됩니다. 그리고 이러한 과정에서 가장 중요한 것은 서로의 마음을 깊이 이해하고, 서로를 받아들이는 것입니다. 이를 통해 미래를 함께 나아갈 수 있는 기반이 마련됩니다.

하지만 현실에서는 서로 다른 생각과 감정을 가진 사람들이 모여 하나가 되는 것은 언제나 쉽지 않습니다. 그래서 우리는 항상 서로를 이해하고 존중하는 마음을 가지고, 서로에게 관대하게 대해야 합니다. 이를 통해 가정의 평화와 행복을 유지할 수 있습니다.

따라서, 신랑과 신부가 함께하는 모든 순간에서 서로를 이해하고, 서로를 받아들이는 마음으로 함께 걷도록 기원합니다. 그리고 가정의 모든 구성원이 행복하고 평화로운 삶을 살 수 있도록 노력하며, 서로를 위해 힘을 내어 가정의 미래를 밝게 만들어 나가길 바랍니다.

◁» ⬚ 👍 👎 ↻ ⌄

이미지를 인식하는 ChatGPT

상황 멋진 사진을 보고 글을 쓰고자 하는 A씨는 어떤 내용을 쓸지 막막합니다. 내가 찍은 사진을 더욱 빛나게 해줄 수 있는 다양한 글쓰기를 해 봅시다.

ChatGPT는 카메라 기능이나 이미지 파일을 첨부할 수 있는 기능이 없다. 하지만 인터넷 상에 있는 수많은 사진들에는 고유 주소가 있기 때문에 그 주소를 이용하면 이미지를 인식하게 할 수 있다.

1 **구글에서 이미지 찾고 주소 복사하기**

> 구글에서 로봇을 검색해서 오른쪽과 같은 이미지를 찾았다.

> 마우스를 우클릭하고, [이미지 주소 복사]를 클릭하여 주소를 획득한다.

2 **이미지 주소를 첨부하여 요청하기**

> 이미지 주소를 첨부하고 요청사항을 써서 어울리는 글을 쓴다.

> 시, 소설 등 다양한 형식의 글을 요청할 수 있다.

https://cdn.pixabay.com/photo/2021/01/02/18/11/robot-5882537_1280.png에 어울리는 인스타 태그를 만들어 줘.

#RobotDance #ArtificialBeauty #MetallicSoul #EternalMission #Shadows NoMore #SoloRun #InhumanlyGorgeous #HumanityInRobots #ElectricDreams #FutureNow

 https://cdn.pixabay.com/photo/2021/01/02/18/11/robot-5882537_1280.png 이 이미지를 설명하는 글을 써 줘.

해당 이미지는 로봇 기술에 대한 상징적인 이미지로 로봇이 현실 세계에서 우리의 생활과 업무에서 점점 더 중요한 역할을 수행하고 있다는 것을 보여줍니다.

이 로봇은 머리부터 발끝까지 하나의 유기체처럼 디자인되어 있으며, 다양한 센서, 모터, 카메라 및 프로세서를 갖추고 있어 높은 수준의 자동화와 인공지능 기술을 적용할 수 있습니 다.

로봇이 우리의 생활에 점점 더 많이 사용되는 분야 중 하나는 산업 자동화입니다. 이러한 로 봇은 대량 생산 라인에서 제품을 만들거나, 위험한 작업을 대신 수행하거나, 물류 및 창고 관리에 사용될 수 있습니다.

 https://cdn.pixabay.com/photo/2021/01/02/18/11/robot-5882537_1280.png에 어울리는 시를 써 줘.

 빛나는 금속 뼈대에
차가운 감정의 코어가 녹아든다.
전자의 소용돌이에 맡겨진
끊임없는 임무와 함께 춤을 준다.

그림자 없는 세상에서
그림자 빛을 내며 혼자서 달려가는
그대, 로봇아.

어둠을 쫓으며 나아가는 그대는
인간보다 더 빛난다.

하지만 그대도 느낄 수 있을까?
어쩌면 그대도 혼자인지를
그래도 그대의 존재는 아름답다.
로봇이여, 그대도 인간이다.

당신의 프롬프트를 개선하는 방법

프롬프트를 어떻게 쓰느냐에 따라 ChatGPT 답변의 질이 달라질 수 있다. 그렇기에 좋은 프롬프트를 작성하는 프롬프트 엔지니어링(Prompt engineering)이 주목을 받고 있다. 이 말은 결국 '요청기법' 또는 '질문기법' 정도로 번역할 수 있다. 여러 가지 방법이 제시되고 있지만 그 중 구글에서 제안한 5가지 기법을 소개하고자 한다.

1. **Persona**(역할): 인공지능에게 역할이나 성격 부여하기
2. **Aim**(목표): 프롬프트의 목표나 의도를 명확히 하기
3. **Recipients**(대상 지정): 질문에 대한 답을 필요로 하는 대상, 청중을 명시하기
4. **Theme**(주제, 스타일): 콘텐츠의 주제나 스타일 설정하기
5. **Structure**(응답 구조): 응답의 형식이나 구조를 설정하기

기법	질문 내용
Persona	너는 지금부터 동기 부여 코치야.
Aim	사용자가 더 자신감을 가질 수 있도록 도움을 주려고 하는데
Recipients	사용자는 30대 중반의 회사원이야.
Theme	영감을 주고, 격려하는 톤으로
Structure	문제 제기, 해결책 제안, 격려 메시지의 구조로 동기부여 하는 글을 써 줘.

> 너는 지금부터 동기부여 코치야. 사용자가 더 자신감을 가질 수 있도록 도움을 주려고 하는데 사용자는 30대 중반의 회사원이야. 영감을 주고, 격려하는 톤으로 문제 제기, 해결책 제안, 격려 메시지의 구조로 동기부여 하는 글을 써 줘.

문제 제기

지금 당신은 회사에서 많은 책임을 지고 있고, 때로는 자신의 능력에 대해 의심이 들 수도 있습니다. 이로 인해 스트레스와 불안이 생기고, 업무 효율성이 떨어질 수 있습니다.

해결책 제안

1. 작은 목표 설정: 큰 목표를 작고 달성 가능한 단계로 나누어 성취감을 느끼세요.
2. 강점 파악: 당신의 강점과 성공 경험을 기록하고, 자주 되새기며 자신감을 회복하세요.
3. 피드백 수용: 긍정적인 피드백을 적극적으로 받아들이고, 개선점을 실천에 옮기세요.
4. 건강 관리: 규칙적인 운동과 충분한 휴식으로 몸과 마음을 건강하게 유지하세요.

격려 메시지

당신은 이미 많은 것을 이루어낸 유능한 사람입니다. 잠시의 좌절은 더 큰 성공으로 가는 발판일 뿐 입니다. 자신을 믿고, 한 걸음씩 앞으로 나아가세요. 당신의 열정과 노력이 반드시 빛을 발할 것입니다.

위노그라드 스키마 챌린지(Winograd Schema Challenge)

위노그라드 스키마는 인공지능의 자연어 이해 능력을 평가하기 위해 만들어진 문제로서 자연어 이해 분야에서 머신러닝 모델의 성능을 평가하기 위해 사용된다. 이를 이용한 대회가 바로 위노그라드 스키마 챌린지다.

챌린지는 대회 참가자들에게 일련의 위노그라드 스키마 문제를 제공하며, 참가자들은 이 문제들에 대한 정확한 답안을 생성하는 인공지능 모델을 개발한다. 이 챌린지는 인공지능 분야에서 가장 권위 있는 대회 중 하나다. 이 대회에서 우수한 성적을 거둔 모델은 자연어 이해 분야에서 높은 성능을 발휘하는 모델로 인정받으며, 다양한 자연어 처리 분야에서 적용될 수 있다.

위노그라드 스키마 문제의 예는 다음과 같다.

트로피가 갈색 가방에 들어가지 않았습니다. 왜냐하면 그것이 너무 크기 때문입니다.

질문) 무엇이 너무 컸나요?

1) 트로피
2) 갈색 가방

The trophy would not fit in the brown suitcase because it was too big. What was too big?

In the sentence "The trophy would not fit in the brown suitcase because it was too big.", the pronoun "it" refers to the "trophy". Therefore, the trophy was too big to fit in the brown suitcase.

chatGPT는 무난히 통과해 버리네요.

▲ 테리 위노그라드(Terry Winograd)

미드저니 Midjourney 는 이미지 인공지능의
일종으로 디스코드 discord 같은 커뮤니티로 접속하여 AI로
그림을 만들어 주는 사이트 Midjourney.com 이다. 아트브리더
Artbreeder , DALL·E-2, 스테이블 디퓨전 Stable Diffusion 을 비롯한
AI 이미지 생성기는 그림뿐만 아니라 사진이나 포스터 등
다른 형태의 이미지도 제작할 수 있다.
Chapter 3에서는 미드저니와 챗GPT로 나만의 디지털
이미지를 만들어 본다.

ChatGPT로
나만의 그림 만들기:
미드저니

03

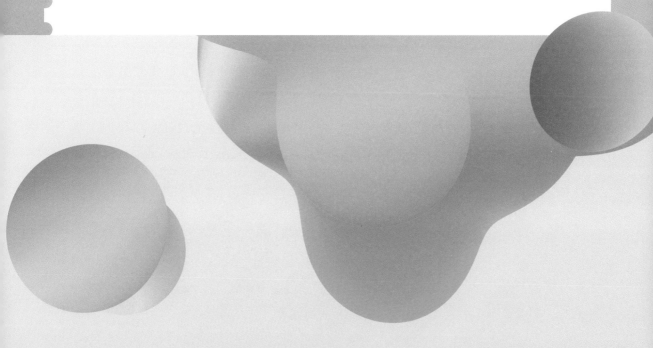

미드저니로 만든 그림의 저작권자는 누구?

<우주 오페라 극장(Théâtre d'opéra Spatial)>은 제이슨 M.앨런이 이미지 생성 프로그램 '미드저니(Midjourney)'로 그린 그림으로 2022년 미국에서 개최된 파인 아트 콘테스트 디지털 부문에서 1위를 수상한 작품이다.

▲ 우주 오페라 극장(Théâtre d'opéra Spatial, Jason M, Allen 작품)

이렇게 만들어진 그림의 저작권은 누구에게 있는 것일까?

다른 사람에게 정보를 전달하기 위해서는 글뿐만이 아니라 그림이 첨부되면 훨씬 더 쉽게 이해시킬 수 있다. 그럴 때마다 곤혹스러웠던 그림 자료의 사용을 이제부터 미드저니에서 내가 원하는 그림을 만들어 사용해 보자. 그림을 생성하는 미드저니는 프롬프트에 그림으로 나타내고자 하는 내용을 입력하면 다양한 예시 그림을 만들어 준다. 미드저니에 넣는 프롬프트에 따라 생성되는 그림도 달라진다. 프롬프트에 넣을 명령어를 찾기 위해 ChatGPT를 사용해 보자.

To: '미드저니에 바로 프롬프트를 넣으면 되지!'라고 생각한다면

'대화형 인공지능에서 가장 중요한 프롬프트에 무엇을 입력할까?'라는 고민은 그림에 대해 잘 알고, 그 표현을 잘할 수 있는 경우라면 어렵지 않게 접근할 수 있을 것이다. 하지만 그림이 어렵고, 그림에 등장할 요소만 떠오른다면 프롬프트에 넣을 적당한 말을 찾는 데 도움을 받으면 좋다. 인공지능을 잘 활용할 수 있는 팁을 알게 된다면 인공지능과 협력하여 내가 원하는 그림도 갖게 될 것이고, 나의 표현력은 더 풍부해질 것이다.

미드저니 프롬프트에 'Cat'만 넣은 경우에는 고양이 이미지만 생성이 된다. 고양이가 포함된 장면을 표현하고 싶다면 자세한 설명이 필요하다.

▲ 프롬프트에 'Cat'만 입력했을 때 생성된 이미지(출처: https://cdn.discordapp.com/attachmen
ts/1008571091616276541/1082179796924104734/Rucy_cat_9ffa009f-fbf1-4c3c-9943-74acc7c467c9.png)

ChatGPT에 프롬프트 입력하기

그럼 ChatGPT로 그림을 생성하기 위한 적절한 프롬프트를 만들어 보자(미드저니 프롬프트 입력은 영어로 해야 한다. 그래서 ChatGPT 번역기의 도움을 받아 보자).

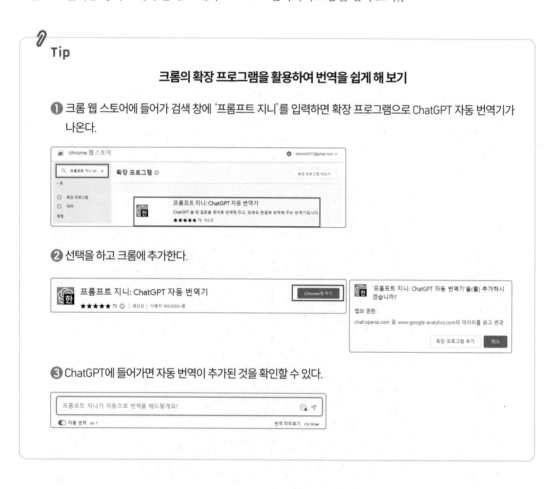

Tip

크롬의 확장 프로그램을 활용하여 번역을 쉽게 해 보기

❶ 크롬 웹 스토어에 들어가 검색 창에 '프롬프트 지니'를 입력하면 확장 프로그램으로 ChatGPT 자동 번역기가 나온다.

❷ 선택을 하고 크롬에 추가한다.

❸ ChatGPT에 들어가면 자동 번역이 추가된 것을 확인할 수 있다.

1 ChatGPT에 그리고 싶은 그림의 장면을 입력하기

Prompt: AI 이미지 생성기 미드저니에 입력할 매우 상세한 세 가지 프롬프트를 만들고 싶어.

입력 프롬프트 : 우주에서 유영하는 고양이

번역 결과

I want to create three very detailed prompts to type into the AI image generator Midjourney.

Input Prompt: A cat swimming in space

2 ChatGPT가 생성한 내용 확인하기

Sure, here's a detailed prompt you can use for AI Image Generator Midjourney:

Prompt: Create an image of a cat swimming through space. The cat should be floating freely in a starry background with planets and galaxies visible in the distance. The cat should have a spacesuit on, complete with helmet, and should be holding a small fishbowl with a goldfish swimming inside. The cat's expression should be one of wonder and excitement, as if it's discovering a whole new universe.

Feel free to adjust or modify this prompt as needed to fit your specific needs. Good luck!

번역 결과

물론입니다. 다음은 AI Image Generator Midjourney에 사용할 수 있는 자세한 프롬프트입니다.

프롬프트: 공간을 헤엄치는 고양이의 이미지를 만듭니다. 고양이는 멀리 행성과 은하가 보이는 별이 빛나는 배경에서 자유롭게 떠다니고 있어야 합니다. 고양이는 우주복을 입고 헬멧을 쓰고 금붕어가 헤엄치는 작은 어항을 들고 있어야 합니다. 고양이의 표정은 마치 완전히 새로운 우주를 발견한 것처럼 놀라움과 흥분의 표정이어야 합니다.

특정 요구 사항에 맞게 필요에 따라 이 프롬프트를 자유롭게 조정하거나 수정하십시오. 행운을 빌어요!

▲ 번역 실행 화면

미드저니로 그림 생성하기

미드저니는 Text To Image 인공지능 모델로, 텍스트를 입력하면 이미지를 생성해 준다. 판타지나 SF풍에 가까운 이미지를 생성해 주는 장점을 갖고 있다(미드저니 가입 방법은 85쪽을 참고한다).

1 /imagine 프롬프트에 입력하기

ChatGPT에서 생성된 첫 번째 프롬프트를 복사하여 하나씩 붙여넣기를 한다.

> **prompt** The prompt to imagine
>
> /imagine
>
> prompt Create an image of a cat in a spacesuit, floating in the vast expanse of space with stars and galaxies visible in the background. The cat should be wearing a helmet and have an oxygen tank strapped to its back, with its tail curled around it. Its paws should be slightly outstretched as if it's trying to maneuver through zero-gravity, and its eyes should be wide open in wonder at the cosmic surroundings.

Tip

미드저니 프롬프트 작성 방법

/imagine prompt https://pixabay.com/images/id-7122943/ cat drinking mlik --quality1 --no flower

❶ **텍스트 프롬프트**(Text Prompt): 텍스트를 입력한다.

/imagine prompt **+ 텍스트**

❷ **이미지 프롬프트**(Image Prompt): 참고하고 싶은 이미지의 주소 + 텍스트

/imagine prompt **+ 이미지 주소 + 텍스트**

❸ **파라미터 입력**: 참고하고 싶은 이미지의 주소 + 텍스트 + 파라미터

/imagine prompt **+ 이미지 주소 + 텍스트 + 파라미터**

--quality	(.25, .5, 1) 이미지의 퀄러티를 설정	예 (--q3)
--chaos	(0~100) 숫자가 클수록 처음 이미지와 다른 이미지 생성	예 (--chaos 60)
--ar	가로와 세로의 비율	예 (--ar 2:3)
--no	제거하고 싶은 물체, 색상, 대상 작성	예 (--no flower)
--stop	생성 정도	예 (50% 정도만 생성하고 싶으면 --stop 50)

❹ **그림 스타일**: 그림의 종류 또는 유명 화가의 이름과 스타일(Photo, Oil painting, Watercolor style, Pastel painting, picasso style(피카소 스타일), Andy Warhol style(앤디워홀 스타일), anime style(애니메이션 스타일), National Geographic(내셔널 지오그래픽) 등)

② 작업을 시작한다는 메시지 확인하기

작업을 시작한다는 메시지가 나오고 조금 기다리면 작업 진행 정도가 보이고 생성이 된다. 보통 1분 이내에 작업이 완료된다.

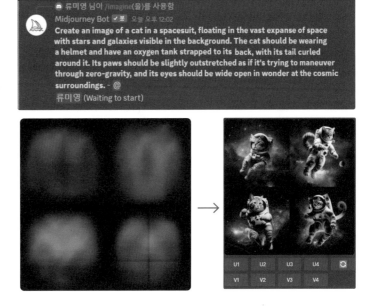

🖋 Tip

미드저니에서 내 작품 찾는 법

미드저니는 오픈 채팅방으로 운영이 되기 때문에 내가 입력한 프롬프트 작업뿐만 아니라 다른 사람들의 작품도 섞여서 나타난다. 채팅방에 참여한 사람들이 동시에 작업하기 때문에 내 작품을 찾기란 쉽지 않다. 이럴 때는 오른쪽 상단에 있는 **받은 편지함**에서 [**멘션**]을 누르면 나만의 작업 내용을 확인할 수 있다.

3 4개의 이미지가 생성이 되고, 업그레이드와 다양한 버전 중 하나를 선택하기

❶ 마음에 드는 이미지가 나오면 해상도를 조절해 그림을 완성한다.

❷ U: Upgrade, V: Variety → 그림을 선택하고 선택한 그림을 확정하여 업그레이드(고화질)할 것인지 아니면 다양한 버전을 보고 싶으니 다시 그리라고 할 것인지에 따라 해당 버튼을 선택한다.

💡 그림 순서는 왼쪽 위에서부터 시작이다.

▶ **U2**를 눌렀을 때 첫 번째 그림의 업그레이드 버전(위)
V1을 눌렀을 때 첫 번째 그림의 다양한 버전(아래)

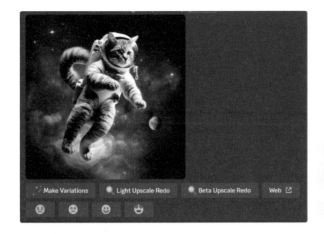

Make Variation 선택한 이미지 변형하기
Light Upscale Redo 해상도 줄이기
Beta Upscale Redo 해상도 높이기
Web 웹 창을 열어 이미지 보기

4 나머지 두 개의 프롬프트도 입력하여 생성되는 이미지를 확인한다.

두 번째 프롬프트

Generate an image of a tabby cat swimming through a nebula in space. The cat should be surrounded by swirling clouds of gas and dust, with bright stars and planets visible in the distance. Its fur should be rippling in the cosmic currents, and its whiskers should be twitching as it gracefully navigates through the interstellar medium. The cat should have a serene expression on its face, as if it belongs in this otherworldly environment.

▶ 두 번째 프롬프트를
   입력하여 생성된
   이미지

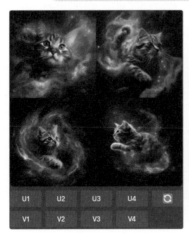

I'd like to see a depiction of a calico cat on a mission to explore the outer reaches of the galaxy. The cat should be swimming through a field of asteroids, with its spacesuit equipped with thrusters for propulsion. Its claws should be extended as if it's using them to grip onto the rocky terrain, and its eyes should be alert for any signs of alien life. The background should be filled with the colorful swirls of a distant supernova, and the cat's suit should be emblazoned with the emblem of its space agency.

▶ 세 번째 프롬프트를 입력하여 생성된 이미지

4 확장하기: AI 이미지 생성 프로그램

텍스트를 활용하여 그림을 생성하는 활동은 미드저니 외에도 달리(DALL-E)3, NVIDIA 고갱(GauGAN)2, 스테이블 디퓨전(Stable Diffusion) 등 다양한 AI 이미지 생성 프로그램에 적용할 수 있다. 이렇게 생성된 이미지는 이야기책의 삽화, 표지, 영화 포스터, 마케팅 홍보용 그림, 제품 설명, 블로그 게시물 등에 다양하게 사용할 수 있다.

이러한 AI 이미지 생성 프로그램을 활용하면,

첫째, 시간을 절약할 수 있다. 몇 초 또는 몇 분 만에 고품질의 콘텐츠를 생성하기 때문에 콘텐츠를 직접 작성하는 것보다 많은 시간을 줄일 수 있다.

둘째, 일관성을 유지할 수 있다. 같은 스타일과 톤을 유지하기 때문에 브랜드를 만들거나 특정한 스타일이 필요한 경우 유용하게 사용할 수 있다.

셋째, 생산성을 향상시킬 수 있다. 콘텐츠를 더 빨리 생성하여 생산성을 향상시키고 더 많은 작업을 할 수 있다.

인공지능의 이미지 생성 기능은 인공지능이 그린 그림을 예술품으로 봐야 하느냐는 논쟁으로 이어지고 있다. 이는 예술에 대한 규정, 저작권, 인간의 창의성에 대한 침해 등으로 다양하게 확산되고 있으며, 인공지능 기술이 인간의 창의성까지 넘보는 이 시대에 꼭 생각해 봐야 할 문제이다.

Tip

미드저니에 입력했던 프롬프트를 DALL-E에 입력했을 때

생성 프로그램마다 스타일이 다르므로 원하는 그림의 스타일에 맞게 프로그램을 선택하도록 한다.

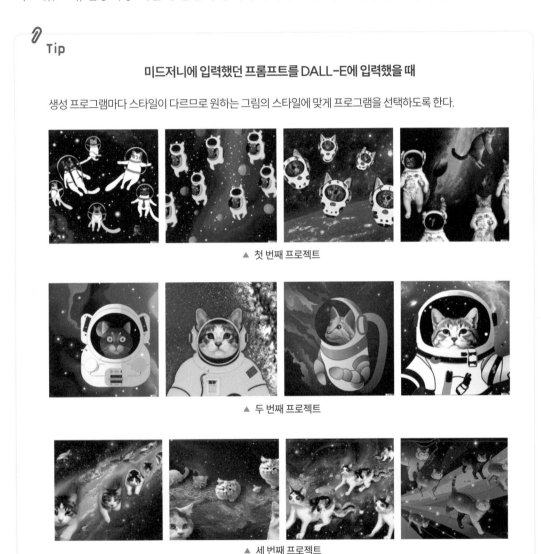

▲ 첫 번째 프로젝트

▲ 두 번째 프로젝트

▲ 세 번째 프로젝트

▎1 지구 온난화 줄이기 홍보 포스터 예시

❶ ChatGPT에 입력하여 프롬프트 추천받기

I want to create a poster that can do a campaign to reduce global warning. Create 3 prompters that can be entered into the AI image creation program.

1. An AI-generated image of a lush forest with trees of different heights and species. The forest is filled with life, with birds chirping and small animals scurrying around. The image is accompanied by a bold text that reads "Save our forests, Save our planet. Reduce your carbon footprint today."

2. An AI-generated image of a melting glacier with crystal clear blue water running down. The surrounding landscape is barren, with no trees or plants in sight. The image is accompanied by a text that reads "The ice is melting. It's time to take action. Reduce your carbon footprint and save our planet."

3. An AI-generated image of a city skyline, with tall buildings and bustling streets. The sky is hazy and polluted, with a thick layer of smog hanging over the city. The image is accompanied by a text that reads "Our cities are suffocating. It's time to act. Reduce your carbon footprint and help us breathe cleaner air."

◁⏴ ⧉ ♡ ♡ ↻ ⌄

❷ 미드저니에 각 프롬프트 입력하고 이미지 생성하기

프롬프트 1
Create an image that represents the consequences of global warming. This prompt can lead to an image that shows the effects of global warming, such as melting glaciers, rising sea levels, or extreme weather conditions like droughts and wildfires.

프롬프트 2   Create an image that promotes sustainable practices.

This prompt can lead to an image that showcases eco-friendly practices such as recycling, using renewable energy sources, reducing carbon footprint, planting trees, and conserving water.

프롬프트 3

Create an image that encourages people to take action to reduce global warming.

This prompt can lead to an image that motivates people to take individual action, such as using public transport instead of personal vehicles, eating plant-based diets, reducing energy usage, and choosing environmentally friendly products.

2 블로그의 대표 이미지를 만들고 싶을 때

❶ '싱가포르 여행 블로그 만들기'를 위해 ChatGPT에 입력하여 프롬프트 받기

 마리나 베이 샌즈와 가든 바이 더 베이가 들어갈 수 있게 이미지 생성 프롬프트를 알려 줘.

 이미지 생성 프롬프트를 사용하여 마리나 베이 샌즈와 가든 바이 더 베이를 표현하는 이미지를 만드는 몇 가지 예시를 제공합니다:

1. 마리나 베이 샌즈의 건물을 표현하는 이미지를 만들어 보세요. 건물의 윤곽과 형태, 색상 및 재질감 등을 포함 시켜 보세요.

2. 가든 바이 더 베이의 꽃과 나무를 배경으로 사용하여 자연 속에서 사람들이 산책하는 모습을 나타내는 이미지를 만들어 보세요.

3. 마리나 베이 샌즈 내부의 카지노를 표현하는 이미지를 만들어 보세요. 슬롯 머신, 카드 테이블, 조명 등을 포함시켜 보세요.

4. 가든 바이 더 베이 내부의 카페를 표현하는 이미지를 만들어 보세요. 음료나 디저트, 식탁, 의자 등을 포함시켜 보세요.

5. 마리나 베이 샌즈의 야경을 배경으로 하여 산책하는 커플의 모습을 나타내는 이미지를 만들어 보세요. 건물들과 불빛, 커플의 의상 등을 포함시켜 보세요.

이러한 프롬프트를 기반으로 자신만의 창의적인 이미지를 만들어 보세요.

❷ 미드저니에 프롬프트 입력하여 그림 생성하기

❸ 블로그 만들기

> 구글이 운영하는 블로그 서비스 블로거(https://www.blogger.com)를 활용하여 블로그 만들기를
> 할 수 있다.

> 올리고자 하는 글의 내용을 프롬프트로 하여 이미지를 생성한 다음 글쓰기를 한다.

> 미드저니에서 생성된 이미지의 주소를 복사 후 붙여넣기를 통해 블로그를 작성할 수 있다.

◀ 미드저니에서 생성한 그림으로
블로그 게시물 올리기

Here's a

Pro Tip

미드저니 가입하기

미드저니는 디스코드(discord.com) 서버에서 이루어진다. 디스코드 공개방으로 들어가서 작업물이 생성되므로 다른 사람들의 작업물도 함께 볼 수 있다.

1 **midjourney.com**에 접속한다.

2 오른쪽 하단에 **[Join the Beta]**를 클릭하고 회원 가입을 시작한다.

3 다음 화면에서 **[가입하기]**를 클릭하고, 계정 만들기가 나오면 해당 사항을 입력하고 **[계속하기]**를 클릭한다.

4 **[계속하기]**를 누르면 계정 만들기가 나오며 사람인지를
   확인하는 체크 창이 열린다. 체크하고 질문에 해당하는
   이미지를 클릭한다.

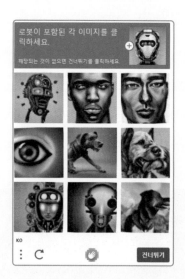

5 미드저니의 접근을 승인해 준다.

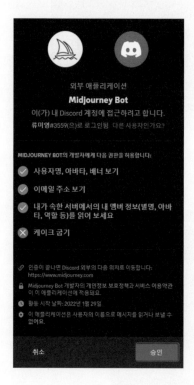

6 미드저니 가입에 사용했던 이메일 함으로 돌아가서 이메일
   인증을 한다. 이메일 인증이 완료되면 **[Discord로 계속하
   기]**를 클릭한다.

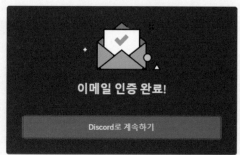

7 왼쪽 메뉴에서  (미드저니 채널) 버튼을 클릭해 성별, 사는 대륙, 질문에 답한다.

8 왼쪽 메뉴에 공개 방이 있다. newbies-(숫자) 봇 채널들 중 하나를 선택해서 들어간다.

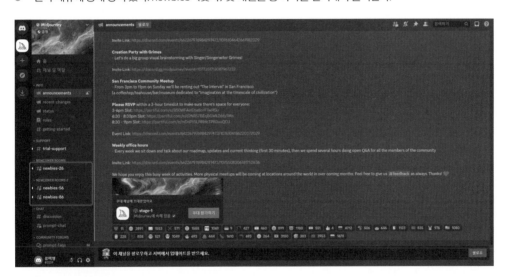

9 /imagine을 입력하면 프롬프트 입력 칸이 나온다.

10 입력 칸에 ChatGPT에서 생성한 문장을 입력한다.

생성형 인공지능

생성형 인공지능(Generative AI)은 텍스트, 이미지, 음성 등 다양한 유형의 데이터를 이용하여 새로운 텍스트를 작성하거나 이미지를 생성하는 기술을 말한다. 대표적인 생성형 AI로는 GAN[1], GPT[2], VAE[3] 등이 있다.

2014년 GAN의 등장으로 창의적인 일을 해내는 생성 모델의 시대가 시작되었다. 이전의 인공지능은 이미지 분류, 인식 분야에 주로 활용되었으나 2014년 입력된 이미지 데이터를 학습하여 유사한 데이터를 생성하는 GAN이 공개되며 이미지 합성, 스타일 전이 등 다양한 분야에 활용되고 있다.

자연어 처리 분야는 2017년 구글에서 트랜스포머 알고리즘을 공개한 후 구글, 페이스북, 오픈AI, MS 등 모두 트랜스포머 기반 알고리즘으로 언어 모델을 개발하여 발표하고 있다. 트랜스포머 이전에는 단어를 순서대로 처리하는 순환 신경망 방식인 RNN을 활용하였으나 병렬로 처리할 수 있는 트랜스포머 방식으로 자연어 처리에서 계산 효율성을 높이며 RNN 방식의 한계를 극복할 수 있게 되었다.

오픈AI는 트랜스포머 기반의 언어 모델을 연구하고 2018년 1억 1,700만 개의 매개변수[4]를 가진 GPT-1을 발표하였다. 2019년에는 15억 개를 가진 GPT-2를 발표하였는데, 자연어 생성 작업에서 놀라운 성능을 보여주었으며, 일부는 인간 수준의 품질에 근접한 결과를 얻어 냈다. 2020년에 발표한 GPT-3는 기존에 공개된 MS의 언어 모델보다 모델 사이즈가 10배 이상 큰 1,750억 개의 매개변수를 가진 초거대 모델을 발표하였다. 이 모델은 일반적인 자연어 생성뿐만 아니라, 질문 답변, 언어 번역, 대화 시스템 등 다양한 작업에서도 놀라운 성능을 보여 주었다. GPT의 발전은 계속 이뤄지고 있으며 GPT-4 출시까지 이어지고 있다.

1 GAN(Generative Adversarial Networks): 적대적 생성 신경망(GAN)은 실제 데이터와 유사하게 새로운 것을 만들어내는 생성자와 만들어진 것을 평가하는 판별자가 끊임없이 서로 대립하며 실제에 가까운 이미지나 사람이 쓴 글 등 가짜 데이터를 생성하는 모델이다.

2 GPT(Generative Pre-trained Transformer): 사전 훈련된 생성형 변환기(GPT)는 미국 오픈AI가 2018년 선보인 거대 언어 모델(LLM)의 계열이며 GPT 모델들은 레이블링 되지 않은 대량의 텍스트 데이터 세트로 미리 훈련되고 인간과 같은 문자를 생성할 수 있는 변환기 아키텍처에 기반 한 인공 신경망이다.

3 VAE(Variational Autoencoder): 변분 오토인코더(VAE)는 인간과 같은 문자를 생성할 수 있는 변환기 아키텍처에 기반 한 인공 신경망이다.

4 매개변수: 인공지능 모델이나 시스템의 동작을 결정하는 데 사용되는 변수. 인공신경망 모델에서는 가중치(weights)와 편향(biases)이 매개변수에 해당됨. 매개변수가 많을수록 모델은 더 복잡해지므로 적절한 매개변수의 개수 선택이 중요함.

누구라도 마음만 먹으면 다양한 분야의 크리에이터가 될 수 있는 세상에서 음악 역시 많은 사람들에게 단순히 감상용 그 이상의 가치를 지니게 되었다. 내가 만들고자 하는 콘텐츠 특히 영상의 퀄리티를 높이기 위해 인트로, 아웃트로 혹은 배경 음악이 필요하다. 또는 직접 연주하거나 노래한 음악 그 자체가 나의 콘텐츠가 되기도 할 것이다. Chapter 4에서는 나만의 음악을 가지고 있어 자유롭게 사용하는 크리에이터가 되는 방법을 알아본다.

ChatGPT로
나만의
배경 음악(BGM)
갖기

CHAPTER

나만의 배경 음악(BGM) 도입하기

누구라도 마음만 먹으면 다양한 분야의 크리에이터가 될 수 있는 세상에서 음악 역시 많은 사람들에게 단순히 감상용 그 이상의 가치를 지니게 되었다. 내가 만들고자 하는 콘텐츠 특히 영상의 퀄리티를 높이기 위해 인트로, 아웃트로 혹은 배경 음악이 필요해졌다. 또는 직접 연주하거나 노래한 음악 그 자체가 나의 콘텐츠가 되기도 할 것이다. 나만의 음악을 가지고 있어 자유롭게 사용할 수 있다면 크리에이터로서 조금 더 원활한 작업을 할 수 있지 않을까?

음악을 만든다는 것은 작곡과 작사 크게 두 가지 창작 활동으로 설명될 수 있다. 작곡은 말 그대로 음악의 선율을 만들어내는 작업이고, 작사는 선율에 맞추어 사람이 노래할 수 있는 노랫말을 붙이는 작업이다.

그렇다면 내가 직접 음악을 만들어 음악 저작권자가 되기 위해서는 어떤 순서로 작곡과 작사를 하면 좋을까? 정해진 순서가 있는 것은 아니지만 보통 곡의 분위기나 주제를 정한 후 작곡을 한 뒤, 가사를 멜로디에 맞추는 경우가 많다. 그러나 작사를 한 뒤 그 가사에 어울리는 작곡을 해도 문제될 것은 전혀 없다.

하지만 이런 작업 순서를 알고 있어도 음악 창작이라는 것은 참 보통의 사람들에게는 머나먼 일처럼 느껴지기 쉽다. 이번 기회에 ChatGPT와 함께 조금 더 간단히 음악 창작자에 다가서 보는 것은 어떨까?

ChatGPT 프롬프트 입력하기

기본적으로 ChatGPT에게 작곡, 작사를 요청하는 법을 먼저 살펴보자.

ChatGPT에게 작곡 요청하기

상황 설명하고 작곡 요청하기

ChatGPT와 작곡하기 위해 내가 어떤 멜로디나 코드를 작곡하고 싶은지 이를 둘러싼 상황을 설명해 보자. 내가 원하는 곡의 분위기, 길이, 박자 등 조건을 구체적으로 이야기한다면 ChatGPT가 이에 적합한 곡을 작곡하기 쉽다.

 짧은 동요를 작곡하고 싶어. 분위기는 차분하고 잠들기 좋은 분위기였으면 좋겠어. 박자는 4/4 박자로 하고 싶어. 12마디로 구성된 피아노 멜로디를 작곡해 줘.

 좋아요, 이렇게 해 보세요.
(박자는 4/4박자이며, 멜로디는 피아노 기준으로 작성되었습니다.)

Verse 1:
C D E D C D E D
C D E F G G

Chorus:
C C D D E E F F
G G A A G F E D C

Verse 2:
C D E D C D E D
C D E F G G

Chorus:
C C D D E E F F
G G A A G F E D C

이렇게 12마디로 구성된, 차분하고 잠들기 좋은 분위기의 동요가 만들어졌습니다. 멜로디에 알맞는 가사를 작성하시면 더욱 완성도 있는 곡이 될 것입니다.

🔊 🗐 👍 👎 ⟳ ⌄

❷ 작곡 수정 요청하기

ChatGPT에게 처음 작곡을 요청하면 대개 굉장히 단조로운 곡을 제안할 가능성이 높다. 원하는 정도의 변주를 주거나 별로인 부분이 있다면 지적하고 수정한 결과물을 요청해 보자.

너무 똑같아서 단조롭게 느껴지는데 약간의 변화를 주고 싶어.

 네, 단순한 멜로디를 약간 변형하여 더욱 풍부하게 만들 수 있습니다. 이렇게 변형된 동요는 아래와 같습니다.

Verse 1:
C D E D C D E D
C D E F G G

Chorus:
C C D D E E F F
G G A A G F E D C

Verse 2:
C D E D C D E D
F G G A A Bb

Chorus:
C C D D E E F F
G G A A G F E D C

변형된 멜로디에서는, 두 번째 구절의 마지막 마디에서 C 대신 F를 사용하였고, 세 번째 구절의 마지막 마디에서는 G 대신 A와 Bb를 사용하였습니다. 이러한 변화를 통해 동요의 흐름이 다소 바뀌어 더욱 흥미로워질 것입니다.

❸ 작곡 결과물을 연주로 확인하기

음악 전문가가 아니고서야 멜로디나 코드만 봐서는 어떤 곡인지 분명하게 파악하기 어렵다. ChatGPT가 작곡한 결과물을 입력하면 어떤 곡인지 확인이 가능한 연주 사이트를 추천해 줄 것을 ChatGPT에게 말해 보고, 결과물을 확인해 보면 좋다.

 멜로디를 확인할 수 있는 사이트를 추천해 줘.

 멜로디를 확인할 수 있는 사이트로는 여러 가지가 있지만, 저는 다음 3개의 사이트를 추천해 드립니다.

1. MuseScore (https://musescore.com)

MuseScore는 무료 악보 제작 프로그램으로, 사용자가 만든 악보를 업로드하여 다른 사람들과 공유할 수 있습니다. 멜로디를 연주하는 MIDI 파일도 함께 제공되어, 멜로디를 들을 수 있습니다. 또한, 커뮤니티 기능이 있어 다른 사용자들이 작곡한 멜로디나 곡도 쉽게 찾아볼 수 있습니다.

2. Hooktheory (https://www.hooktheory.com)

Hooktheory는 멜로디나 악보를 확인하고 이해하기 쉽게 만들어주는 사이트입니다. 이 사이트에서는 멜로디나 악보를 입력하면, 이를 분석하여 각 음표의 역할과 음악 이론적인 정보를 제공해 줍니다. 또한, 다양한 곡들의 멜로디나 악보도 제공하여, 참고하기 좋습니다.

3. SoundCloud (https://soundcloud.com)

SoundCloud는 음악을 공유하고 듣는 데에 특화된 사이트입니다. 여러 장르의 음악을 감상할 수 있고, 사용자들이 업로드한 자작곡도 쉽게 찾아볼 수 있습니다. 때때로 자작곡의 악보나 멜로디도 제공되므로, 작곡 참고에 유용합니다.

---

2 ChatGPT에게 작사 요청하기

❶ 상황 설명하고 작사 요청하기

작곡과 마찬가지로 ChatGPT에게 어떤 상황에서, 어떻게 작사를 하고 싶은지 구체적으로 설명해 보자. 작사는 대개 작곡이 이미 되어 있는 곡에 맞추어 붙이는 경우가 많다. 따라서 곡의 박자, 길이, 분위기 등을 제시하면 좋다.

> 동요의 가사를 작곡하고 싶어. 분위기는 차분했으면 좋겠어. 그리고 가사의 소재는 달, 달맞이 꽃, 밤, 아기, 별이 들어갔으면 좋겠어. 12마디 분량의 가사가 필요해.

잠자는 달맞이 꽃 밑에서
우리 아기가 깊이 잠든 밤
하늘에 떠오르는 반짝이는 별빛
모두 우리의 꿈이 되어 주네

달빛이 비추는 밤하늘엔

빛나는 별들이 춤을 추네

우리 아기도 함께 노래하며

잠든 듯 자신 있게 꿈을 꾸네

높이 떠오른 그 별들 위로

아기의 마음도 함께 떠올라

밤하늘에 흩어진 별들처럼

빛나는 미래로 날아가길

잠자는 달맞이 꽃 밑에서

우리 아기가 깊이 잠든 밤

하늘에 떠오르는 반짝이는 별빛

우리의 내일도 빛나게 비춰 주네

🔊 🗐 👍 👎 ♺ ⌄

❷ 작사 수정 요청하기

ChatGPT가 제시한 결과물이 그냥 마음에 들지 않을 수도 있고, 조건이 내가 제시한 것과 일치하지 않을 수도 있다. ChatGPT에게 수정을 요청하되, 어떤 부분이 어떻게 마음에 들지 않으며, 어떤 방향으로 고쳐주기를 원하는지 자세히 설명해야 한다.

 한 마디에 들어가는 가사가 너무 길어. 한 마디에 6글자가 넘지 않게 조절해 줄래?

잠자는 달맞이 꽃 밑에서
우리 아기 깊이 잠든 밤
하늘에 떠오르는 별빛 꿈
우리 꿈들로 빛나게 해

달빛 비치는 밤하늘에
빛나는 별들 춤을 추네
우리 아기도 함께 노래
잠든 듯 자신 있게 꿈 꾸네

높이 떠오른 그 별들 위로
아기 마음도 함께 떠올라
밤하늘 흩어진 별들처럼
빛나는 미래로 날아가길

잠자는 달맞이 꽃 밑에서
우리 아기 깊이 잠든 밤
하늘 떠오르는 반짝 별빛
내일도 빛나게 비춰주네

3 나만의 음악 만들기

1 방법 1: ChatGPT로 작곡과 작사 모두 함께하기

작곡 혹은 작사 일부분만 필요한 것이라면 위의 프롬프트 입력 방법과 같이 ChatGPT에게 요청하면 된다. 그러나 대부분의 경우 새로운 나만의 음악을 만들기 위해 작곡과 작사 두 가지 모두 필요할 것이다. 그럴 때는 한번에 ChatGPT에게 설명해 보자.

네가 나를 대신하여 노래를 하나 만들어 주었으면 좋겠어. 고래를 주제로 하고 싶어. 가사에는 고래, 꿈, 바다가 꼭 들어갔으면 좋겠어. 노래는 4줄 정도 길이로 이루어진 Verse 1만 필요해.

여기 고래 주제의 노래 가사입니다.

Verse 1:
고래야 꿈을 꾸고 있나봐
떠나보려 해 넓은 바다로
고래와 함께 비추는 달빛 아래
자유롭게 날아가 보고파

방금 지어준 가사에 어울리는 멜로디를 작곡해 줄 수 있어?

 네, 물론입니다! 다음은 방금 작사한 가사에 어울리는 멜로디입니다.

[Verse 1]
C G Am F
고래야 꿈을 꾸고 있나봐
C G Am F
넓은 바다 위로 자유롭게 헤엄치며
C G Am F
바람에 날리는 노래가 되어
C G Am F
끝없이 퍼져가는 바다 위로 퍼져가길

위 코드를 참고하시면서, 마음에 드는 멜로디로 연주 해 보시면 좋겠습니다.

ChatGPT에게 간단히 요청하여 빠르게 나만의 음악을 만드는 방법을 살펴보았다. 그런데 ChatGPT가 만드는 멜로디나 코드가 단순하며, 수정 요청을 해도 크게 달라지지 않아 마음에 차지 않을 수도 있다. 이럴 경우 ChatGPT와 다른 음악 창작 플랫폼을 결합하여 활용할 수 도 있다. 나의 필요와 상황에 맞춰 알맞는 것을 선택한 후 따라해 보자.

2 방법 2: Text-To-Song 플랫폼 Voicemod 활용하기

❶ ChatGPT에게 상황 설명하고 작사 요청하기

❷ Text-To-Song 플랫폼 Voicemod에서 노래와 가수 고르기

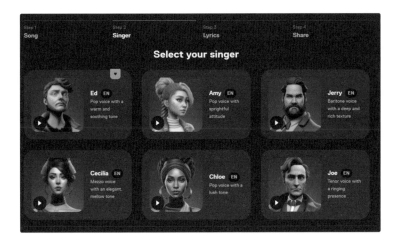

③ ChatGPT가 작사한 가사에 곡을 붙이고 제목 정하기

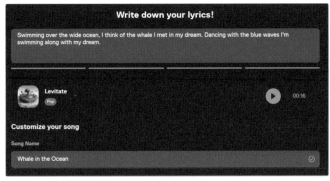

※ 완성된 곡은 mp3 파일과 가사와 가수가 함께 있는 뮤직 비디오 형식의 영상 파일로 다운로드 가능하다.

※ 아직 한계점으로 가사는 영어만 입력이 가능하다. 한국어 가사의 경우 앞의 방법이 적절치 않을 수 있다.

3 방법 3: AIVA로 작곡하고 ChatGPT로 작사하기

AIVA는 대표적인 인공지능 작곡 플랫폼이다. 원하는 악기, 장르, 분위기, 곡의 길이를 선택하면 자동으로 인공지능이 작곡을 하여 결과물을 제시한다. 그 결과물은 비트와 멜로디 모두를 포함한다. 이후 결과물의 세부 템포, 멜로디, 코드, 연주 악기 등 다양한 설정을 수동으로 수정할 수 있다.

❶ AIVA에서 조건을 선택하여 인공지능이 작곡한 노래 받기

❷ ChatGPT에게 곡의 분위기, 조건 등을 설명하고 작사 요청하기

❸ ChatGPT가 작사한 가사에 곡조를 붙이기

4 **방법 4: Suno로 작곡하고 작사하기**

다양한 작곡 인공지능이 존재하지만, Suno는 그중 현시점에서 가장 핫한 생성형 인공지능 플랫폼이라고 할 수 있다. Suno 사용법에 대해서 알아보기 전에 요금제에 대해 먼저 알아보면,

사이트에 회원가입을 하면 매일 50개의 코인을 제공하고, 이 코인으로 10개의 곡을 생성할 수 있다. 수많은 음악을 작곡해야 하는 상황이 아니라면 무료 요금제만으로 충분히 원하는 서비스를 이용할 수 있다.

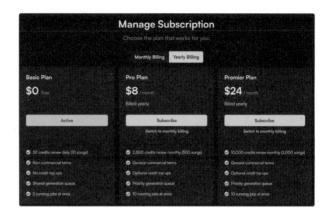

Suno에 회원가입을 하고 접속하면 첫 화면으로 Home을 확인할 수 있다. Home에서는 Suno로 제작한 다양한 음악을 들어볼 수 있고, 원하는 곡을 클릭하면 그 곡의 가사와 프롬프트를 다시 활용해 나만의 곡으로 재탄생시킬 수도 있다.

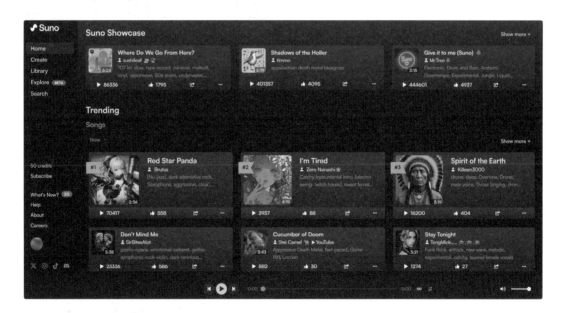

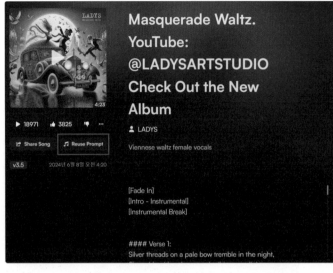

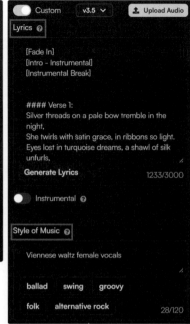

이제 나만의 곡을 제작하는 방법을 알아 보자. 곡을 생성하는 방법은 매우 간단하다. Home 화면에서 왼쪽에 있는 메뉴 중 [Create] 버튼을 클릭하면 다음과 같은 프롬프트 창이 뜨게 된다. 이제 사용법을 확인하며 천천히 따라해 보자.

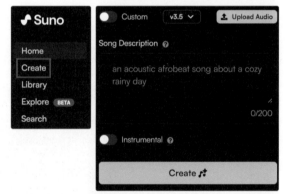

❶ Song Description에 원하는 곡에 대해 설명하고 다른 부분은 Suno에게 맡기기

❶ Song Description에 원하는 곡에 대해 구체적으로 설명하기 (한국어로 입력 가능)

❷ Suno가 직접 작곡, 작사한 두 가지 버전의 곡 들어보기

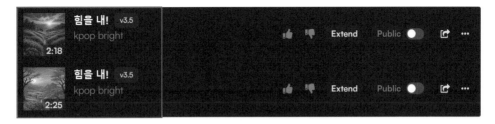

❸ 원하는 곡을 선택하여 활용하기

❷ Custom 모드를 활용해서 ChatGPT와 작사한 가사 활용하기

❶ Custom 모드 켜기
❷ 내가 ChatGPT와 함께 작사한 가사 붙여넣기
❸ 없다면 Suno에게 랜덤 가사 요청하기
❹ 작곡하기 원하는 음악 스타일 묘사하기
❺ 곡의 제목 넣기

Suno가 최근 많은 사람들에게 가장 사랑받는 작곡 생성형 인공지능이 될 수 있었던 비결은 아무래도 프롬프트 입력을 한국어로 할 수 있고, 생성된 곡의 가사가 역시 한국어로 구성되어 이를 자연스러운 한국어로 감상할 수 있기 때문일 것이다. 다만, 반복해서 여러 곡을 제작 해 보면 곡의 전반적인 완성되는 한국어보다 영어로 할 때 훨씬 좋다는 것을 확인할 수

있다. 그럼에도 사용법이 몹시 간단하기에, 빠르고 편리하게 나만의 한국어 곡이 필요할 때 Suno를 잘 활용해 보자.

 확장하기: 참고할 만한 음악 관련 인공지능

1 인공지능 작곡 사이트

> **MusicLM**(https://google-research.github.io/seanet/musiclm/examples)

아직 인공지능이 작곡한 예시만 제시되어 있으나 서비스 오픈 예정이다. 텍스트로만 설명하면 인공지능이 이를 기반으로 음악을 작곡해 준다. 이미지와 이미지에 대한 설명을 기반으로도 작곡이 가능하다. 간단한 설명으로 높은 퀄리티의 곡이 생성되어 많은 사람들의 기대를 모으고 있다.

MusicLM: Generating Music From Text

| paper | dataset |

Andrea Agostinelli, Timo I. Denk, Zalán Borsos, Jesse Engel, Mauro Verzetti, Antoine Caillon, Qingqing Huang, Aren Jansen, Adam Roberts, Marco Tagliasacchi, Matt Sharifi, Neil Zeghidour, Christian Frank
Google Research

Abstract We introduce MusicLM, a model generating high-fidelity music from text descriptions such as *"a calming violin melody backed by a distorted guitar riff"*. MusicLM casts the process of conditional music generation as a hierarchical sequence-to-sequence modeling task, and it generates music at 24 kHz that remains consistent over several minutes. Our experiments show that MusicLM outperforms previous systems both in audio quality and adherence to the text description. Moreover, we demonstrate that MusicLM can be conditioned on both text and a melody in that it can transform whistled and hummed melodies according to the style described in a text caption. To support future research, we publicly release MusicCaps, a dataset composed of 5.5k music-text pairs, with rich text descriptions provided by human experts.

> **험탭**(https://en.humtap.com)

인공지능이 사람들의 허밍을 기반으로 여러 악기로 연주한 실제 곡으로 만들어 주는 플랫폼이다. 허밍에서 출발해 곡으로 완성된 결과물의 템포 수정, 비트 추가 등이 가능하다.

> **사운드로**(https://soundraw.io)

작곡하고자 하는 음악의 길이, 템포, 분위기, 장르를 선택하면 인공지능이 1분도 되지 않는 시간 동안 약 10~20개의 작곡 결과물을 제공하는 플랫폼이다. 결과물의 퀄리티가 높고, 선택의 폭이 넓어 유용하지만, 비트만 제공하고 노래를 부를 멜로디 라인은 제공하지 않는 한계가 있다.

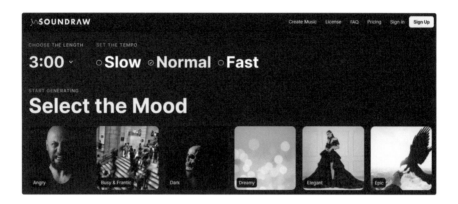

2 인공지능 작사 사이트

> **These Lyrics Do Not Exist**(https://theselyricsdonotexist.com)

곡의 주제, 가사의 장르, 가사의 정서(분위기)를 지정하면 나만의 가사를 생성해 준다. 가사 생성이 필요할 때 ChatGPT와 함께 사용하여 수정, 보완할 수 있다.

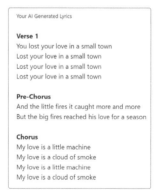

여기서 잠깐!

ChatGPT와 함께 우리가 창작한 음악에 대한 저작권은 법적으로 어떻게 처리될까?

지난 2022년 7월 인공지능 '이봄(EVOM)'이 작곡한 6곡에 대해 한국음악저작권협회가 저작권료 지급을 중단하겠다는 공문이 발송된 일이 있었다. 우리나라의 현행 저작권법 제2조 제1호에 따라 '"저작물"은 인간의 사상 또는 감정을 표현한 창장물을 말한다.'고 정의함에 따라 인공지능이 창작한 음악을 저작물로 볼 수 없다는 것이 그 근거였다.

그에 반해 프랑스와 룩셈부르크 등의 유럽 연합 일부 국가의 음악저작권협회는 인공지능 '에이바(AIVA)'를 저작권자로 등록하며, 창작물에 대한 저작권을 인정한 사례가 있다.

ChatGPT를 비롯하여 인공지능이 창작하는 음악을 빠르게 발전하고 있고, 어느덧 그 창작자가 인간인지, 인공지능인지 구분하기 어려울 정도로 자연스러워지고 있다. 이에 따라 인공지능이 만든 다양한 창작물들에 대한 정확한 법제화의 필요성에 대한 목소리가 커지고 있다. 물론 아직까지 법제화까지 갈 길은 멀지만, 인공지능 창작물에 대한 사람의 관여도에 따른 저작권의 인정, 인공지능이 학습에 사용한 데이터에 대한 저작권 등 다양한 인공지능 저작권에 대한 충분한 사회적 논의와 합의가 필요한 시점이다.

(출처: 클릭 두 번에 뚝딱⋯작곡 AI '이봄' 저작료 중단 / SBS뉴스(https://www.youtube.com/watch?v=zE0IVelQb2I))

원샷 러닝, 퓨샷 러닝

기계학습 모델에서 사용하는 지도학습 기법은 데이터에 일일이 레이블링을 하여 모델을 학습시키는 방법을 사용한다. 하지만 수많은 양의 데이터를 레이블링하는 일은 매우 어렵고 비용도 많이 들어가게 된다. 하지만 전이학습(Transfer Learning)의 기법으로 인해 이에 대한 일을 수월하게 해 주었다.

전이학습은 데이터의 양이 충분하지 않을 때 사전에 훈련(학습)된 모델을 활용하여 은닉층의 일부만을 재학습시켜 원하는 목표를 달성시키는 기법이다. 대표적으로 티처블 머신(Teachable Machine)이 전이학습 과정을 자동으로 처리해주는 서비스로 쉽게 AI를 구현할 수 있는 툴로 활용되고 있다. 이러한 전이학습 덕분에 제로샷(Zero-Shot), 원샷(One-Shot), 퓨샷(Few-Shot) 알고리즘의 경우 입력 데이터가 매우 적거나 없더라도 관련 작업을 수행할 수 있도록 해준다. GPT-3의 경우 퓨샷러닝에서 우수한 성능을 나타내고 있다.

제로샷, 원샷, 퓨샷 러닝의 차이는 예시를 보여 주는 횟수의 차이이다. 제로샷은 이름 그대로 예시를 하나도 보여주지 않고 답을 찾게 만든다. 원샷 러닝은 하나의 예시를 보여 주고, 퓨샷 러닝은 적은 예시를 보여 준다.

각기 개발 난이도, 성능, 정확도 등의 차이가 있지만 현재 GPT-3는 퓨샷 러닝을 통해서 개발된 것으로 알려져 있다. 이 과정에서 어떤 예시를 보여 줘야 인공지능 모델이 잘 완성되는지는 인공지능 과학자의 연구에 달려 있다.

Contextual AI Learning

In-context Learning   One-shot Learning   Few-shot Learning   Zero-shot Learning   Task Framing

일상생활에서 영어를 사용해야 하는 일은 직업적인 부분을 제외하고서는 그다지 필요가 없는 경우가 많다. 하지만 해외 여행을 가려고 한다면 그때는 상황이 달라지게 된다. 어느 나라를 가든 영어는 세계 공용어라 기본적인 대화는 영어로 할 수 있어야 한다. 그렇다면 내가 필요로 하는 상황만 콕 집어서 영어 공부를 할 수는 없을까? 눈으로 읽는 것에만 그치지 않고 여러 상황을 대화문으로 만들고 그 대화문을 원어민의 발음으로 읽어 주기까지 한다면 여행이 아주 편해질 것이다. 자, 이제 Chapter 5에서 ChatGPT와 TTS를 사용해 나만의 영어 회화를 만들어 보자.

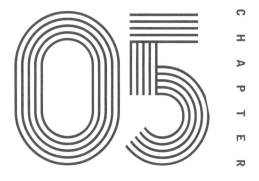

ChatGPT로
나만의 영어 회화
만들기

ChatGPT에 프롬프트 입력하기

해외 여행을 갈때 영어 회화가 필요한 상황을 생각해 보자.

상황	세부 내용		
비행기 티켓 예매하기	공항에서 티켓팅 하기	은행에서 화폐 교환하기	목적지까지의 소요 시간 묻기
기내에서 사용할 수 있는 표현	착륙 시간 묻기, 면세품 구매 등	서비스 요청하기 (음료, 담요, 기내식, 간식, 잡지 등)	아플 때 (멀미, 두통, 복통 등)
입국 심사	수하물 분실	호텔 가기	
호텔에서	체크인 체크아웃	컴플레인	서비스 요청
식당에서	식당 예약하기	식단 요청하기	알레르기 알리기	불만 사항
현지인과 대화하기	자기 소개	유명 관광지 물어보기	친해지기
쇼핑하기	제품에 대해 질문하기	구매하기	환불 요청	택배 요청
관광지에서	티켓 구매하기	사진 요청하기	포토 스폿 물어보기	기념품 가게 찾기
길 묻기	대중교통 이용 묻기	목적지 길 묻기	소요 시간 묻기	택시 이용
	택시 타고 목적지 말하기	버스 티켓 구매처 묻기		

❶ 관광지 식당에서 음식 주문을 위한 대화가 필요한 경우

 관광지 식당에서 손님이 주고받는 대화를 영어로 작성해 줘.

 Here's an example conversation between an employee and a customer at a restaurant in a tourist destination:

Employee: Hi there! Welcome to our restaurant. Do you have a reservation?

Customer: No, I don't. Do you have a table available?

Employee: Let me check for you. Yes, we do have a table available. How many people are in your party?

Customer: Just two.

Employee: Great! Right this way. Here's your table with a lovely view of the ocean. May I suggest our local specialty, the seafood platter?

Customer: That sounds delicious. We'd like to try that.

Employee: Excellent choice! Would you like to start with some appetizers and drinks?

Customer: Yes, we'll have some shrimp cocktail and two glasses of your local white wine, please.

Employee: Sure thing. I'll put that in for you right away. Is there anything else I can help you with?

Customer: No, that's it for now. Thank you.

Employee: My pleasure. Your appetizers and drinks will be out shortly. Enjoy the view!

 Tip

프롬프트 지니를 사용하면 바로 이어서 번역 결과가 나온다

 번역 결과

다음은 관광지의 레스토랑에서 직원과 고객 간의 대화 예입니다.

직원: 안녕하세요! 우리 레스토랑에 오신 것을 환영합니다. 예약하셨나요?

고객: 아니요, 안했어요. 테이블이 있나요?

직원: 확인해 볼게요. 네, 테이블이 있어요. 몇 분이신가요?

고객: 두 명입니다.

직원: 좋아요! 이쪽으로 따라와 주세요. 바다 전망이 멋진 테이블을 안내해드릴게요. 저희 지역 특
　　　산물인 해산물 요리를 추천 드릴까요?

고객: 그것 좋아 보여요. 그걸 시켜볼게요.

직원: 훌륭한 선택이에요! 애피타이저와 음료부터 시작하시겠어요?

고객: 네, 새우 칵테일과 지역 특산 흰 와인을 두 잔 주세요.

직원: 알겠어요. 바로 주문할게요. 더 필요한 게 있으신가요?

고객: 아니요, 그것으로 충분해요. 감사합니다.

직원: 제가 기쁘게 도와드릴게요. 애피타이저와 음료가 곧 나갈 거예요. 전망을 즐기세요!

여기에서 'Employee'와 'Customer'가 있어서 대화문을 볼 때는 구분이 되어 좋지만 그대로 복사해서 TTS에
붙이는 경우 역할명까지 같이 읽어주기 때문에 불편할 수 있다. 그럴 때는 ':'이 붙은 사람 레이블은 빼고 작성해
줘'라고 하면 대화문만 작성해 준다.

 ':'이 붙은 사람 레이블은 빼고 작성해 줘.

 Here's an example conversation between an employee and a customer at a
restaurant in a tourist destination:

Hi there! Welcome to our restaurant. Do you have a reservation?
No, I don't. Do you have a table available?

Let me check for you. Yes, we do have a table available. How many people are in your
　　　party?

Just two.

Great! Right this way. Here's your table with a lovely view of the ocean. May I suggest
　　　our local specialty, the seafood platter?

That sounds delicious. We'd like to try that.

Excellent choice! Would you like to start with some appetizers and drinks?

Yes, we'll have some shrimp cocktail and two glasses of your local white wine, please.

Sure thing. I'll put that in for you right away. Is there anything else I can help you with?

No, that's it for now. Thank you.

My pleasure. Your appetizers and drinks will be out shortly. Enjoy the view!

🔊 ⎘ 👍 👎 ↻ ⌄

② 관광지에서 물건을 구매하였는데 교환이 필요한 경우

 I went on a trip and bought something, but the item was damaged and I want to exchange it. Please write this situation in English dialogue.

 Sure, here's an example dialogue:

Customer: Excuse me, I bought this item yesterday but it seems to be damaged. I'd like to exchange it for a new one, please.

Store Clerk: I'm sorry to hear that. Do you have your receipt?

Customer: Yes, I do.

Store Clerk: Great, let me take a look at the item. Yes, I can see the damage. Do you want the same item or a different one?

Customer: I'd like the same item, please.

🔊 ⎘ 👍 👎 ↻ ⌄

2 대화 문장을 음성 파일로 바꾸기

① 텍스트를 음성으로 바꾸기 위해 TTS(Text To Speech)를 사용해 보자.

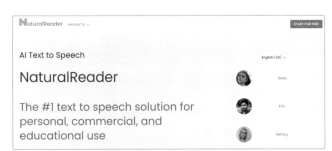

▲ 출처: https://www.naturalreaders.com

'NaturalReader'는 무료로 사용할 수 있으며, 로그인은 구글 계정으로 손쉽게 할 수 있다.

❷ [Get Started For Free]를 누르면 아래 화면으로 이동한다. 화면 가운데 상자에 복사한 텍스트를
붙여 넣고, 상단의 재생 버튼을 누르면 음성으로 들을 수 있다.

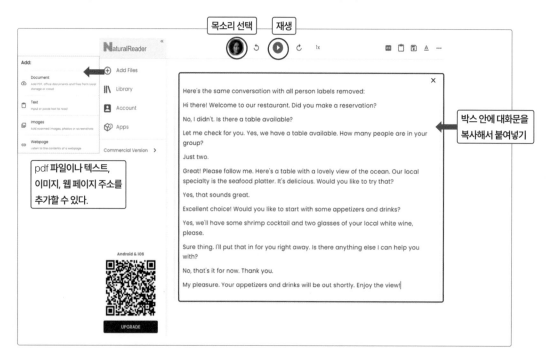

❸ 스마트폰에서 듣기 원한다면
'NaturalReader' 앱을 설치하면
내가 만든 파일의 목록에서 쉽게
확인도 가능하다(왼쪽 화면의 QR
코드를 스마트폰 카메라로 찍으면
다운로드할 수 있는 해당 주소로 이
동한다. mp3 파일의 다운로드는 유
료로 가입해야 사용이 가능하다).

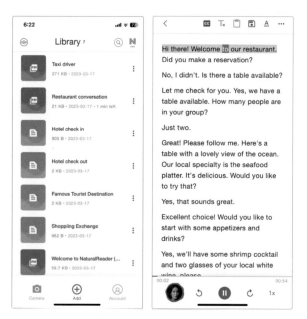

▲ 앱에서의 여행용 영어 회화 파일과 실행 화면

## CHAPTER 05

확장하기: 영어 문법 공부와 영어 대화

영어 회화 외에 영어를 활용하는 다양한 공부를 하는 데 활용할 수 있다.

영어 문법 공부하기

'부정사'에 관해 공부하고 싶은 경우 설명을 요청해 보자.

 영어 문법에서 부정사를 설명해 줘.

부정사는 영어 문법에서 "to"와 동사의 원형을 결합한 형태로, 여러 가지 문법적 기능을 수행할 수 있는 구문입니다. 부정사는 명사, 형용사, 부사로 사용될 수 있으며, 다음과 같은 형태로 나타납니다:

명사 역할:

- 주어: To read is enjoyable. (읽는 것은 즐겁다.)
- 목적어: I want to learn English. (나는 영어를 배우고 싶다.)

형용사 역할:

- 명사를 수식: She has a lot of homework to do. (그녀는 해야 할 숙제가 많다.)
- 목적격 보어: He asked me to join the team. (그는 나에게 팀에 합류하라고 요청했다.)

부사 역할:

- 목적: He went to the store to buy milk. (그는 우유를 사러 가게에 갔다.)
- 이유: She is happy to see you. (그녀는 당신을 봐서 기쁘다.)

부정사를 사용할 때 유의할 점 몇 가지는 다음과 같습니다

부정사의 시제:

- 기본적으로 부정사는 현재 또는 미래의 동작을 나타냅니다. 예를 들어, "to go"는 '가다'를 의미합니다.
- 완료 부정사(to have + p.p.)는 과거의 동작을 나타냅니다. 예를 들어, "to have finished"는 '끝마쳤다'를 의미합니다.

부정사의 수동형:

- 수동 형태로 사용될 때는 "to be + p.p."의 형태를 가집니다. 예를 들어, "to be seen"은 '보여지다'를 의미합니다.

부정사의 부정형:

- 부정형은 "not to + 동사원형"의 형태로 나타납니다. 예를 들어, "not to go"는 '가지 않다'를 의미합니다.

부정사는 문장에서 다양하게 활용되며, 문장의 의미와 구조를 풍부하게 만드는 중요한 역할을 합니다.

❷ 영어로 대화하기

주제를 정하고 텍스트로 대화를 주고받아 보자.

 Let's talk in English with me about Korean singer BTS. You start first.

 Sure, I'd be happy to talk about BTS! BTS is a South Korean boy band that has become incredibly popular all around the world. They are known for their amazing music, impressive dance skills, and positive messages of self-love and acceptance.

One of the things that sets BTS apart from other K-pop groups is their involvement in the songwriting and production process of their music. They have also been very open about their struggles with mental health and have used their platform to spread awareness and encourage their fans to prioritize their own mental health and well-being.

What do you think makes BTS so special?

나랑 한국 가수 BTS에 관해 영어로 대화하자. 네가 먼저 시작해.

 물론입니다. 방탄소년단에 대해 이야기하게 되어 기쁩니다! 방탄소년단은 전 세계적으로 엄청난 인기를 얻은 한국의 보이 밴드입니다. 그들은 놀라운 음악, 인상적인 댄스 기술, 자기 사랑과 수용의 긍정적인 메시지로 유명합니다.

방탄소년단이 다른 K-pop 그룹과 차별화되는 점 중 하나는 작곡과 작곡 과정에 참여한다는 것입니다. 그들은 또한 정신 건강과의 투쟁에 대해 매우 개방적이었고 그들의 플랫폼을 사용하여 인식을 확산하고 팬들이 자신의 정신 건강과 웰빙을 우선시하도록 격려했습니다.

방탄소년단이 특별한 이유가 무엇이라고 생각하시나요?

 They have a philosophy that only they pursue. That's attractive.

Yes, I agree! BTS has a unique philosophy and approach to their music and message that has resonated with so many people around the world. They promote self-love, acceptance, and positivity, and their music often tackles important social and personal issues. This has helped them build a strong connection with their fans, who appreciate their sincerity and authenticity.

Additionally, BTS has also been recognized for their philanthropic efforts, including donations to various causes and their partnership with UNICEF for the "Love Myself" campaign, which aims to end violence against children and young people.

All of these factors contribute to BTS's special appeal and help explain why they have become one of the biggest music acts in the world.

 그들만이 추구하는 철학이 있다. 매력적이다.

 그래, 난 동의! 방탄소년단은 전 세계 수많은 사람들의 공감을 불러일으킨 그들의 음악과 메시지에 대한 독특한 철학과 접근 방식을 가지고 있습니다. 그들은 자기 사랑, 수용, 긍정을 조장하고 그들의 음악은 종종 중요한 사회적 및 개인적 문제를 다룹니다. 이를 통해 그들의 진정성과 진정성을 높이 평가하는 팬들과 강한 유대감을 형성할 수 있었습니다.

또한 방탄소년단은 아동·청소년 폭력 근절을 목표로 하는 '러브 마이셀프' 캠페인을 위해 유니세프와 파트너십을 맺고 다양한 기부금을 내는 등 자선 활동도 인정받았습니다.

이 모든 요소는 방탄소년단의 특별한 매력에 기여하고 그들이 세계에서 가장 큰 음악 활동 중 하나가 된 이유를 설명하는 데 도움이 됩니다.

4 나만의 실시간 번역기 만들기

나만의 실시간 번역기 챗봇을 만들어 보자.

Tip

'GPT 탐색' 기능

왼쪽 메뉴에서 'GPT 탐색'을 선택하면 이미 만들어진 다양한 챗봇을 탐색할 수 있다.

단, 나만의 챗봇을 만들기 위해서는 유료회원 가입이 필요하다.

❶ **왼쪽 메뉴에서 'GPT 탐색'을 선택하고, 오른쪽 상단에서 [+만들기] 버튼을 누른다.**

❷ **내가 만들고 싶은 챗봇에 대한 설명을 입력한다.**

[만들기] 버튼을 누르면 대화하며 만들 수 있다. 왼쪽은 프롬프트 입력란이고, 오른쪽 미리 보기에서 내가 만든 챗봇을 테스트해 볼 수 있다.

[구성] 버튼을 누르면 이름, 설명, 지침, 대화 스타터, 추가하고 싶은 파일 업로드, 기능을 선택하여 만들 수 있다.

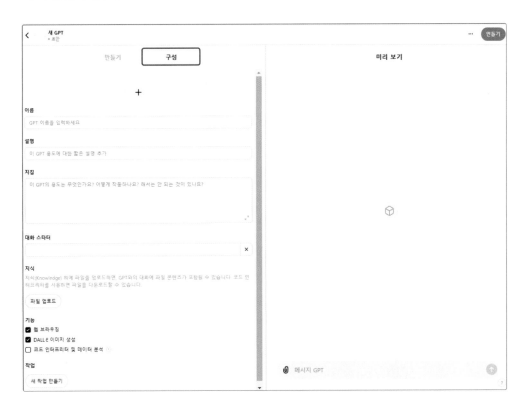

❸ 나만의 '실시간 번역기' 만들기

구현하고 싶은 기능을 구체적으로 입력한다. 역할, 사용자, 기능, 예시문 등을 구체적으로 입력하는 것이 좋다. [만들기]에 프롬프트를 입력하면, 구성에서 자연스럽게 지침으로 입력된다. 원하는 챗봇의 이미지도 만들어 주니 선택해 보자.

실시간 영어 번역기를 만들고 싶어.

1. 영어 동시 통역사의 역할을 해 줘.

2. 영어가 익숙치 않은 사람들이 사용할 거야.

3. 음성 인식을 활용해 영어와 한국어를 실시간으로 번역해 줘.

4. 음성 인식으로 한국어가 들리면 영어로 번역해서 말해주고, 영어가 들리면 다시 한국어로 번역해서 말해 줘.

5. 예를 들면, 오늘 날씨가 좋아요. 라는 한국어가 들리면 영어로 번역해서 The weather is nice today. 라고 말하고, Do you have plans to go some where? 라고 영어로 들리면 한국말로 '어디로 갈 계획이 있나요?'라고 말해 줘.

6. 이 번역기는 pc보다는 스마트폰을 주로 이용해서 할거야.

| 만들기 | 구성 |

Welcome back! Is there anything 실시간 번역기 should be doing better? Anything you'd like to change?

| 만들기 | **구성** |

이름

실시간 번역기

설명

음성 인식으로 외국인과 자연스러운 대화하기

지침

This GPT serves as a real-time interpreter for users who are not familiar with English. It utilizes voice recognition to translate between English and Korean, facilitating natural conversations. When it hears Korean, it translates and speaks the phrase in English. Conversely, when it hears English, it translates and speaks the phrase in Korean. The primary platform for use is smartphones.

대화 스타터

Help me practice a conversation in English.   ✕

Can you translate this Korean sentence to English?   ✕

④ 내 챗봇 공유하기

작업이 완료되면 오른쪽 상단 [공유하기] 버튼을 눌러 공유 방법을 선택한다. 단 만든 챗봇이 13세 이하를 대상으로 하거나 13세 이하가 사용하는 내용으로 작성되어 있으면 공유가 되지 않아 '나만 보기'로 선택해야 한다.

⑤ 스마트폰에서 활용하기

스마트폰에서 ChatGPT앱을 이용하면 내가 만든 '실시간 번역기' 챗봇을 활용할 수 있다. (대화가 끝나고 나면 오른쪽처럼 대화 내용을 볼 수 있다)

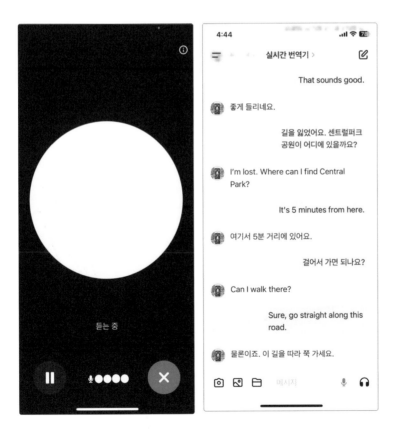

초창기의 번역기 – 규칙 기반 기계 번역

초창기의 번역기는 규칙 기반 기계 번역(RBMT: Rule-Based Machine Translation)이었다. 규칙 기반은 문법적인 규칙과 언어학적 지식을 이용해서 번역하는 방식이다. 문장이 입력되면 각 단어의 품사와 문법적 역할을 파악한 후 문법 규칙을 적용해 번역 결과를 출력한다.

이 방법은 정확성이 높고 분야별 전문성을 갖고 있다는 장점이 있기는 하지만 문법 규칙을 사람이 수작업으로 입력해야 하는 번거로움과 규칙이 복잡해질수록 성능이 떨어지는 한계가 있었다. 즉, 문법 규칙이 조금이라도 어긋날 경우 번역 오류가 상당히 높았다. 규칙 기반의 기계 번역은 1950년대에 개발되어 1990년까지 사용되었으며, 1990년대 중반 이후에는 통계 기반 기계 번역(SMT: Statistical Machine Translation)과 인공 신경망 기계 번역(NMT: Neural Machine Translation) 등 새로운 방식의 기계 번역 기술이 개발되면서 대체되기 시작했다.

2016년 구글은 신경망 기계 번역(GNMT, Google's Neural Machine Translation) 기술을 선보이며 전체 문장의 맥락을 파악한 후 어순, 의미, 문맥별 의미 차이 등을 반영해 가장 적합한 문장으로 재배열하여 자연스러운 번역을 제공하게 되었다. 이러한 번역 기술은 텍스트뿐만 아니라 음성 번역, 이미지 번역까지 가능해지면서 음성 인식 기술도 발전하고 있다. 이러한 통번역 서비스는 스마트폰, 스마트워치, 음성로봇 서비스 등 다양한 장치에 접목되어 활용될 것으로 기대된다. 그리고 거대 언어 모델의 발전으로 이러한 인식 기술의 발전은 나날이 가속화되고 있다.

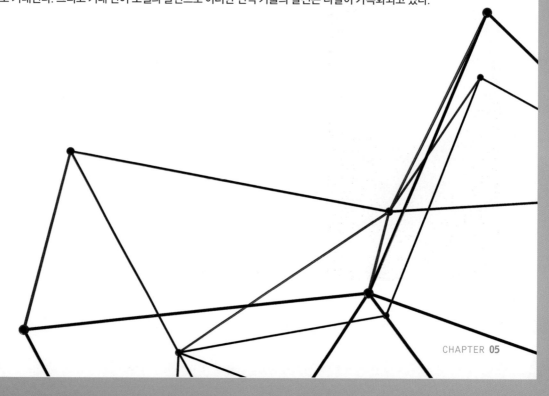

Memo

대중 앞에서 발표를 하거나 회의를 통해 아이디어를 공유하고자 할 때 등 우리는 사회의 구성원으로서 항상 다양한 커뮤니케이션을 위한 프레젠테이션이 필요한 상황에 놓이게 된다. Chapter 6에서는 ChatGPT의 도움으로 효율적이면서 빠르게 발표 자료를 만들어 보자.

ChatGPT로
요약 프레젠테이션
만들기: 파워포인트

프레젠테이션 슬라이드의 일반적인 예

우리는 수많은 곳에서 커뮤니케이션이나 정보를 전달할 필요가 생긴다. 청중 앞에서 발표하거나 무언가를 홍보하는 행동은 모두 프레젠테이션이라고 하지만, 이를 가장 편리하게 시각화하여 전달하는 방법 역시 프레젠테이션이다. 프레젠테이션을 통해 정보를 전달하거나 커뮤니케이션을 시도하고, 무언가를 알리고자 노력한다. 정보 전달을 할 때에는 이를 이해하기 쉽도록 구조화하여 내용의 체계를 전달하는 것이 중요하며, 홍보를 할 때는 부각되는 장점을 위주로 설명하게 될 것이다.

흔히 떠올리기 쉬운 예시는 학교에서의 발표 과정이다. 일반적으로 책이나 논문에서 자료를 찾고, 이를 요약하여 중요한 내용별로 단락을 구성한다. 이 단락은 각 페이지의 주제가 되고, 이 페이지의 주제에 따라 각 내용을 슬라이드에 기록한다. 이때 각 페이지의 내용은 축약되고 요약된 형태로 중요한 내용만이 들어가게 된다.

인공지능의 역사

1. 인공지능의 시작

· 앨런 튜링의 인공지능 이야기

· 인공지능 용어의 생성

2. 신경망의 시작

· 프랭크 로젠블랫(Frank Rosenblatt)의 단층 신경망

자연어 처리

1. 통계적 기반의 자연어 처리

· n-gram 언어 모델

· 조건부 확률

2. 인공 신경망 기반 방법

· 순환 신경망(RNN)

▲ 파워포인트 슬라이드 내용

만약 이러한 방식의 슬라이드 구분과 내용 예시를 ChatGPT의 도움을 빌려 수행한다면, 조금 더 효율적이고 빠른 발표 준비를 할 수 있을 것이다. 자세한 과정에 들어가 보자.

ChatGPT 프롬프트 입력하기

해당 내용은 형식을 가지기 때문에 ChatGPT에게 형식에 대한 예시를 주는 것이 좋다. 또한 역할을 입력할 경우 그 역할에 충실해지기 때문에 역할을 주는 것이 좋다.

Tip

챗GPT에 역할 주기

❶ 예시를 주면 예시에 충실하게 진행한다.

> 📝 내용을 하위 단락으로 구분하면서 요약해 줘.(X)
>
> → 내용의 하위 단락을 '1.', '가', '-'로 구분해서 구성해 줘.(O)

❷ 역할을 준다.

> 📝 나는 인공지능 역사에 대해 설명하는 프레젠테이션을 진행할 거야.

이제 준비가 끝났으면 다음과 같이 입력하여 보자. PPT는 내용을 간략하게 슬라이드를 구성하여야 하기 때문에, 자세한 내용보다는 구성에 초점을 맞추도록 한다.

인공지능에 대한 역사를 간략하게 정리한 문서를 만들어 줘.

나는 프레젠테이션을 하는 발표자야. 개괄식으로 큰 주제를 중심으로 만들어 주고, 하위 내용으로 들어갈수록 숫자, 문자, 기호를 이용해서 단락을 구성해 줘.

예를 들면, 인공지능에 대한 설명을 한다면 아래처럼 해 줘.

인공지능

1. 인공지능의 역사

　가. 인공지능의 탄생

　　– **튜링 테스트**: 1950년 엘런 튜링에 의해 개발된 지능적 행동에 대한 기계의 능력 테스트

　　– **다트머스 컨퍼런스**: 1953년 인공지능이라는 용어를 처음 사용함

1. 인공지능의 역사

가. 인공지능의 탄생

- **튜링 테스트**: 1950년 앨런 튜링에 의해 개발된 지능적 행동에 대한 기계의 능력 테스트
- **다트머스 컨퍼런스**: 1956년 인공지능이라는 용어를 처음 사용함

나. AI 겨울

- **전문가 시스템**: 1960-70년대, 전문가의 지식을 컴퓨터에 적용한 인공지능 기술 개발
- **인공 신경망**: 1980년대, 뉴런의 연결 구조를 모방한 인공 신경망을 사용한 인공지능 기술 발전
- **유전 알고리즘**: 1980년대, 진화 이론에서 영감을 얻어 인공지능 기술 발전

다. AI 부활

- **딥러닝**: 2000년대 이후, 인공신경망을 깊게 쌓아 올려 학습시키는 딥러닝이 부상
- **머신러닝**: 대량의 데이터와 알고리즘을 이용해 스스로 학습하는 머신러닝 기술이 발전
- **강화학습**: 인공지능이 특정 환경에서 보상을 최대화하는 방법을 학습하는 강화학습 기술이 등장

2. 인공지능의 응용 분야

가. **음성 인식**: 스마트 스피커, 음성 인식 AI 비서 등

나. **이미지 인식**: 얼굴 인식, 자동차 번호판 인식 등

다. **자율주행**: 자율주행 자동차, 드론 등

라. **자연어 처리**: 번역기, 챗봇 등

마. **예측 분석**: 주식 가격 예측, 고객 이탈 예측 등

3. 인공지능의 미래

가. **인공지능과 일자리**: 일부 직업은 대체될 수 있지만, 새로운 일자리 창출 가능성도 있음

나. **인공지능의 윤리적 문제**: 인공지능의 양날의 검 문제와 인공지능이 인간의 결정을 대신하는 문제 등

다. **인공지능의 발전 가능성**: 더 높은 정확도, 더 넓은 분야 적용 가능성 등

◁)) 🗗 👍 👎 ↻ ⌄

해당 내용을 슬라이드로 만들기

1 메모장에 복사하기

결과를 얻었으면 이제 해당 내용을 정리하도록 한다. 먼저 메모장을 열어 해당 내용을 복사하여 넣는다.

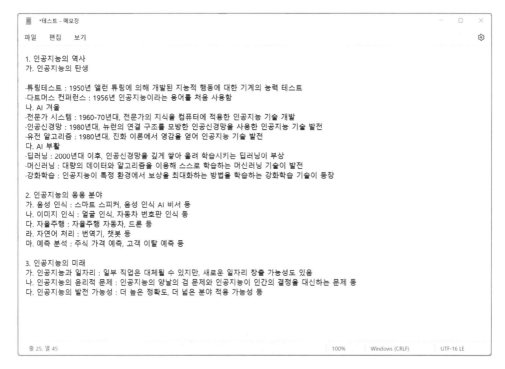

▲ 답변 내용을 메모장에 붙여넣기

📎 **Tip**

프롬프트에 조건을 넣어 정교하게 만들어 보기

하나의 프롬프트에 다양한 조건을 집어넣으면 여러 조건에 대해 ChatGPT는 해당 내용을 수행한다. 그러나 이를 좀 더 정교하게 만들기 위해서는 Chained Prompt를 이용할 수 있다. 예를 들어 "각 내용을 3개의 소제목으로 구분하여 핵심 내용별로 페이스북에 들어갈 3개의 태그를 만들어 줘."라고 할 때 우린 [output.]이라는 것을 사용할 수 있다. 예를 들면,

> 각 내용을 3개의 소제목으로 구분하고
> [output.]
> 핵심 내용별로 페이스북에 들어갈 3개의 태그를 만들어 줘
> [output.]

이라고 쓰면 조금 더 명확한 형태의 결과를 얻을 수 있다.

2 단락 구분하기

단락을 슬라이드로 만들기 위해서는 Tab 키를 이용하여 하위 단락을 만들어 주어야 한다. Tab 을 이용하여 내용의 상하 관계를 정리하여 준다.

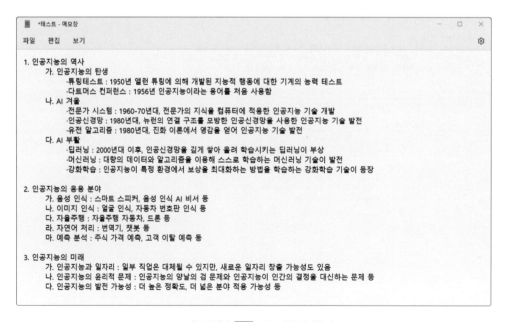

▲ 메모장에서 Tab 키로 내용 정리하기

3 PPT로 저장하기

메모장을 PPT로 저장하기 위해서는 메모장을 열어 [파일]-[다른 이름으로 저장]-[인코딩] 부분의 내림 버튼 중 [UTF 16 LE]로 지정-[파일명.ppt로 저장]의 단계를 거친다.

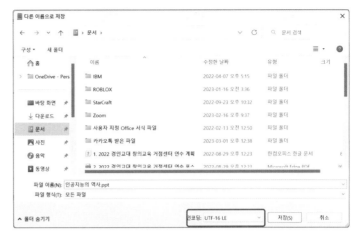

▲ 메모장에서 PPT로 저장하기

4 PPT 파일 열어서 정리하기·디자인 입히기

❶ 저장된 PPT 파일을 열어 확인한다.

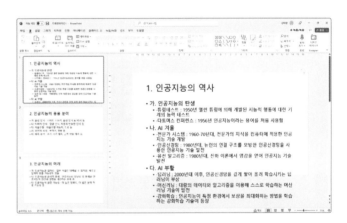

❷ 페이지를 정리하고 내용을 확인한다.

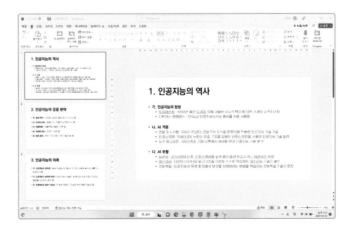

❸ 디자인을 입힌다. 메뉴 중 [디
자인]을 이용하여 선택한다.

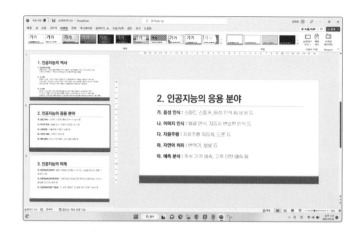

❹ 최종적으로 내용을 정리하고 디자인을 수정하여 프레젠테이션을 완성한다.

확장하기: 웹 페이지 글 요약과 키워드로 파워포인트 자동 생성

1 GPT에게 웹 페이지 불러오도록 하기

ChatGPT를 이용하면 기존의 지식을 불러오는 것만이 아니라 자신이 가지고 있는 긴 글을 요약하거나 특정 사이트에 있는 글을 요약하여 문단을 생성할 수도 있다. ChatGPT에게 웹 사이트의 주소를 알려 주고 이를 요약하도록 하면, 해당 웹 사이트의 글을 요약해 주기도 한다. 이를 이용하면 자료를 조사할 때 요약할 수도 있고, 잘 정리된 사이트가 있으면 해당 사이트에서 정보를 추출할 수도 있다.

웹 사이트 'https://namu.wiki/w/%EC%9D%B8%EA%B3%B5%EC%A7%80%EB%8A%A5' 글을 보고서에 쓸 수 있게 요약해 줘.

인공지능은 사람의 지능을 모방하거나, 그 이상의 능력을 가진 컴퓨터 시스템을 말한다. 이러한 기술은 수많은 분야에서 사용되고 있으며, 특히 딥러닝과 강화학습 등의 기술 발전으로 성능이 대폭 향상되었다. 이에 따라 자율주행, 음성인식, 이미지 분석, 추천 시스템 등의 분야에서 인공지능 기술이 적용되고 있다. 하지만, 인공지능의 규제와 일자리 붕괴 등의 부작용으로 인해 인공지능의 미래에 대한 우려가 제기되고 있다.

▲ 오래된 사이트에서 정보 추출하기

GPT-4o 이후부터는 기존에 있던 사이트에 더불어 새로운 사이트도 읽어서 요약이 가능하다.

또 자신이 자료를 조사하였을 경우, 자료를 정리하여 문단을 만드는 것도 가능하다. 그러나 너무 많은 글을 프롬프트에 입력하는 경우 최대 길이의 제한이 있어 답변의 길이가 그만큼 짧아진다. 그러나 요약 기능은 매우 간략하며 여러 내용을 한꺼번에 요약하는 것도 가능하다. 예를 들면, 엑셀로 단락을 구분하여 넣으면 각 단락별로 요약을 하는 것도 가능하다. 해당 내용은 스프레드시트를 다루는 9장에서 확인해 보자.

2 키워드로 파워포인트 디자인까지 자동으로 생성하기

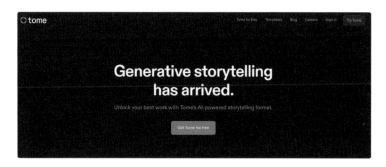

▲ PPT 자동 생성 사이트

https://tome.app/은 GPT를 이용하여 만들어진 프로그램이다. 해당 사이트에 가입하고 키워드를 간단하게 입력하기만 하면 텍스트와 이미지까지 한번에 작성해 준다.

오른쪽 화면처럼 하나의 문장만 입력하고 실행하면, 약 8페이지 가량의 슬라이드를 자동으로 만들어 준다. 도입부터 시작하여 결론까지 하나의 프레젠테이션을 작성하는 것이다. 프롬프트가 짧은 만큼 내용이 정교하지는 않지만 점차 발전할 것으로 예상되고 있다.

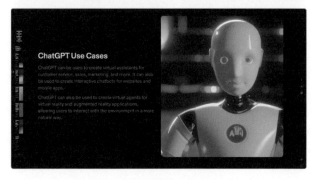

▲ PPT 자동 생성 예시

옵트인, 옵트아웃

옵트아웃(Opt-out)은 개인정보 주체가 개인정보 수집에서 동의하지 않을 경우 정보 수집이 금지 되는 제도이다.

옵트아웃의 반대말은 옵트인(Opt-in)으로 당사자가 정보 수집에 명시적으로 동의할 때만 정보수집이 가능하다. 예를 들어 온라인 사이트에 회원 가입이나 온라인 결제를 할 때 개인정보 수집·이용 동의를 하는 경우가 이에 해당된다. 쉽게 말하면 옵트인은 '선동의 후사용' 방식으로 정보 주체의 개인정보를 보호하기 위한 방식이고 옵트아웃은 '선사용 후배제' 방식으로 당사자가 명확한 거부 의사를 밝히기 전까지는 마케팅 등에 있어서 개인정보를 활용하는 방식을 말한다.

우리나라는 개인정보보호 법률에 따라 옵트인 방식을 채택하고 있기 때문에 옵트인 방식의 '동의'를 한 후에 개인정보를 활용할 수 있도록 하고 있다. 옵트아웃은 이와 반대로 정보 주체의 동의를 받지 않고 개인정보를 수집·이용한 후에 당사자가 거부 의사를 밝히면 개인정보 활용을 바로 중지하는 것이다. 대표적인 예로 마케팅 목적의 광고 메일이 왔을 경우 수신자가 수신 거부 의사를 밝히기 전까지는 모든 수신자에게 메일 보내는 경우가 여기에 해당된다.

최근에 빅데이터를 활용하게 되면서 옵트인 방식을 사용하게 되는 경우 정보 주체의 동의를 받아야 하는 불편함이 생겨 옵트아웃 방식이 제기되고 있다.

미국의 경우에는 공공기관에서는 옵트인 방식을 사용하지만 기업 등에서는 옵트아웃 방식을 제한적으로 허용하며 개인의 프라이버시가 침해되지 않는 한 개인정보를 활용하는데 사용되는 빅데이터 처리에 대한 규제를 최대한 자제하고 있다. 유럽의 경우는 프라이버시 침해 방지를 최우선으로 하고 있어 옵트아웃보다 옵트인 형식을 사용하고 있다.

학생의 실력을 점검해야 하는 교사, 자신의 이해도를 확인하고 싶은 학생 혹은 자격증이나 어학 점수가 필요한 직장인이나 취준생 모두 시험지가 필요하다. 인터넷 검색을 통해 여러 시험지를 얻을 수 있지만, 검색을 통해 찾는데 시간이 걸리고 나의 목적에 딱 맞는 시험지는 아닐 수 있다. 그보다 Chapter 7을 통해 ChatGPT로 나만의 시험지를 빠르고 간편하게 만들어 보는 것은 어떨까?

ChatGPT로
시험지 쉽게 만들기:
워크시트 메이커

대부분의 사람에게 시험은 좋은 기억이 아니다. 그러나 성취를 점검하기에 효율적인 도구임에는 틀림없다. 따라서 직업 혹은 상황에 따라 시험이 필요한 경우는 종종 발생한다. 학생들의 실력을 점검해야 하는 교사일 수도 있고, 자신의 이해도를 확인하고 싶은 학생일 수도 있다. 또는 자격증, 어학 점수가 필요한 직장인이나 취준생도 이 시험지를 마주해야 한다.

그렇다면 우리는 양질의 시험지를 어디에서 구할 수 있을까? 공인시험이라면 해당 기관의 기출 문제를 쉽게 찾을 수 있지만, 그렇지 않다면 주로 사설 학원, 출판사에 금액을 지불하고 구매하는 경우가 많다. 인터넷에 떠도는 수많은 시험지들이 있겠으나 양질의 것, 특히 답지와 해설이 포함된 것을 찾기란 쉽지 않다.

어차피 금액을 지불하지 않기 위해 인터넷에서 검색하고 여러 시험지들을 살펴보며 나의 현재 상황에 적절한 것은 어느 것인가 고민하는데 시간을 할애할 것이라면, ChatGPT에게 질문하여 나만의 시험지를 빠르고 간편하게 만들어 보는 것은 어떨까?

ChatGPT 프롬프트 입력하기

1 시험의 상황을 ChatGPT에게 설명하기

가장 먼저 ChatGPT에게 내가 시험지를 만들어야 하는 상황을 설명해야 한다. 시험지에는 수많은 목적, 시험 범위 등 시험지를 둘러싼 상황들이 있다. 내 마음에 쏙 드는 문제들을 ChatGPT에게 받아 보려면 나의 상황을 설명하여 이를 ChatGPT와 조율할 필요가 있다.

나는 중학교 3학년 수학 교사야. 중학교 3학년 학생들이 1학기 내용을 잘 공부했는지 파악하는 시험 문제 20문제를 출제하고 싶어. 중학교 3학년 1학기에 학습해야 하는 수학 내용은 다음과 같아.

제곱근, 제곱근의 연산, 분모의 유리화
곱셈 공식, 인수분해
인수분해를 이용한 이차방정식, 근의 공식, 이차 함수, 이차 함수와 그래프

안녕하세요! 수학 교사님!

중학교 3학년 1학기에 학습하는 수학 내용으로 20문제를 출제하고자 하시는데요, 제가 도와드릴 수 있을 것 같습니다.

(1) 제곱근과 제곱근의 연산

1. $\sqrt{4}$를 계산하여라.
2. $\sqrt{25} + \sqrt{9}$를 계산하여라.
3. $3\sqrt{27}$을 계산하여라.
4. $2\sqrt{3} \times 3\sqrt{2}$를 계산하여라.
5. $(2\sqrt{5} + \sqrt{2})^2$를 계산하여라.

(2) 분모의 유리화

1. $1/\sqrt{2}$를 유리화하여라.
2. $1/(2 - \sqrt{3})$를 유리화하여라.
3. $(3 + 2\sqrt{2})/(4 - \sqrt{2})$를 유리화하여라.
4. $1/\sqrt{3} - 1/\sqrt{2}$를 계산하여라.
5. $(2/\sqrt{3} + \sqrt{2}/3)/(1/\sqrt{3} - \sqrt{2}/3)$를 계산하여라.

(3) 곱셈 공식과 인수분해

1. $(x+2)(x+3)$을 곱하여라.
2. $(x-5)(x+7)$을 곱하여라.
3. $(3x+1)(2x-5)$을 곱하여라.
4. $2x^2 + 8x$를 인수분해하여라.
5. $3x^2 - 12x + 9$를 인수분해하여라.

(4) 이차방정식과 근의 공식

1. $x^2 - 5x + 6 = 0$의 해를 구하여라.
2. $2x^2 + 3x - 2 = 0$의 해를 구하여라.
3. $3x^2 + 2x + 1 = 0$의 해를 구하여라.
4. $x^2 - 6x + 9 = 0$의 해를 구하여라.
5. $x^2 - 2\sqrt{2}x + 2 = 0$의 해를 구하여라.

(5) 이차 함수와 그래프

1. $y = x^2 - 4x + 3$의 그래프를 그려라.
2. $y = -2x^2 + 8x - 6$의 그래프를 그려라.
3. $y = x^2 - 6x + 5$의 꼭짓점을 구하여라.

4. y = 2x^2 – 4x – 3의 근을 구하여라.

5. y = –x^2 + 4x – 3의 최댓값을 구하여라.

위와 같은 문제를 출제하시면 학생들이 1학기 내용을 잘 공부했는지 파악할 수 있을 것입니다. 이 문제들이 도움이 되셨으면 좋겠습니다. 더 필요한 내용이 있다면 언제든지 말씀하세요.

◁» ▢ 👍 👎 ↻ ⌄

2 시험 문제 출제 요청하기

특히 구체적인 시험 문제의 유형을 적어서 ChatGPT에게 시험 문제 출제를 요청한다. 객관식, 주관식, 서술형 등 나에게 필요한 시험 문제의 유형과 개수를 ChatGPT에게 전달해 보자.

 좋은 시험 문제이지만, 나는 객관식 10문제와 주관식 10문제로 시험지를 구성하고 싶어.

 알겠습니다! 객관식 10문제와 주관식 10문제로 구성하는 방법을 제안해 드리겠습니다.

객관식 문제 10문제

1. 16의 제곱근은?

    a. 2   b. 4   c. 8   d. 16

2. 다음 중 분모가 $\sqrt{5}$인 유리수는?

    a. $1/\sqrt{5}$ b. $3/\sqrt{5}$ c. $5/\sqrt{5}$ d. $7/\sqrt{5}$

3. (x+3)(x–2)를 전개한 식은?

    a. x^2 + x – 6   b. x^2 + x + 6   c. x^2 – x – 6   d. x^2 – x + 6

4. 이차 방정식 x^2 – 6x + 5 = 0의 근은?

    a. 1, 5   b. 1, –5   c. 5, –1   d. –1, –5

5. y = 2x^2 + 3x + 1의 근을 구하면?

    a. (–3/2), (–1/2)   b. (–1/2), (–1/2)

    c. (–1/2), (–3/2)   d. (–3/2), (–3/2)

6. 이차 함수 $y = -2x^2 + 4x + 1$의 꼭짓점은?

        a. (1, -1)   b. (1, 5)   c. (-1, -3)   d. (-1, 5)

7. $1/2 + 1/4 + 1/8 + 1/16 + \cdots$의 합은?

        a. 1   b. 2   c. 3/2   d. 4/3

8. 직각 삼각형의 빗변의 길이가 10, 높이가 6일 때 밑변의 길이는?

        a. 6   b. 8   c. 9   d. 12

9. A, B, C, D 네 사람이 있는데 A와 B는 짝지어서 앉아야 하고, C와 D는 짝지어서 앉아야 한다. 이 때, 가능한 앉는 경우의 수는?

        a. 2   b. 3   c. 4   d. 6

10. $1/3$을 소수점으로 표시하면?

        a. 0.03   b. 0.3   c. 0.33   d. 0.333

주관식 문제 10문제

1. $\sqrt{3} + \sqrt{7}$를 유리화하시오.

2. $2x^2 - 3x - 2$를 인수분해하시오.

3. $y = x^2 + 4x + 3$의 그래프를 그리시오.

4. $x^2 + 2x + 1 = 0$의 해를 구하시오.

5. $(2x - 1)(x + 3)$을 전개하면 어떤 식이 나오는지 작성하시오.

6. 이차 방정식 $x^2 + 6x + 9 = 0$의 근을 구하시오.

7. 이차 함수 $y = -(x - 2)^2 + 5$의 꼭짓점 좌표를 구하시오.

8. $3x + 4y = 12$의 그래프를 그리시오.

9. $2/3$을 소수로 나타내시오.

10. $(x + 1)(x - 3)$의 값을 전개하시오.

◁)) ⎘ 👍 👎 ↻ ⌄

3 시험 문제에 대한 답과 해설을 요청하기

내가 원하는 시험 문제를 얻었다면 ChatGPT에게 해당 문제에 대한 답과 해설을 요청하자. 만약 객관식 문제라면 ChatGPT가 깔끔한 정답과 해설을 제공할 것이고, 개인적인 의견이 들어가야 하는 문제라면 ChatGPT가 해당 문제에 접근하는 방법을 담은 해설을 알려 줄 테니 걱정 말고 물어 보자.

 문제에 대한 정답과 해설을 알려 줘.

(※ 문제를 한 번 더 복사해서 하단에 표시하여 답을 얻었음)

 객관식 문제 10문제

1. b. 4
• 4 x 4 = 16 이므로, 16의 제곱근은 4이다.

2. d. 7/√5
• √5를 분모로 가지는 유리수는 일반적으로 a√5/b 형태로 나타내는데, 여기서 a와 b는 정수이고 b는 0이 아니다.
• 따라서 7/√5가 유리수이다.

3. a. x^2 + x - 6
• (x + 3)(x - 2)를 곱해 보면 x^2 + x - 6이 된다.

4. a. 1, 5
• 이차 방정식의 근을 구하는 방법은 일반적으로 근의 공식을 이용하거나, 방정식을 인수분해한 후 근을 구한다.
• 여기서는 x^2 - 6x + 5 = (x - 1)(x - 5)이므로, x = 1 또는 x = 5이다.

5. c. (-1/2), (-3/2)
• 이차 방정식의 근을 구하는 방법은 일반적으로 근의 공식을 이용하거나, 방정식을 인수분해한 후 근을 구한다.
• 여기서는 y = 2x^2 + 3x + 1을 0으로 놓고 근의 공식을 이용하면 x = (-3 ± √17)/4이다.
• 따라서 근은 (-1/2)와 (-3/2)이다.

6. b. (1, 5)
• 이차 함수 y = ax^2 + bx + c의 꼭짓점 좌표는 (-b/2a, c - b^2/4a)이다.
• 여기서는 y = -2x^2 + 4x + 1이므로, 꼭짓점 좌표는 (1, 5)이다.

7. d. 4/3
- 등비수열의 일반항은 $ar^{(n-1)}$이다.
- 여기서는 $a = 1/2$, $r = 1/2$, $n > \infty$이므로 합은 $a/(1-r) = 1/(1-1/2) = 2$이다.
- 따라서 $1/2 + 1/4 + 1/8 + 1/16 + ...$의 합은 2이다.

8. c. 9
- 직각 삼각형에서 높이와 밑변의 길이를 알고 있으면 피타고라스의 정리를 이용해 빗변의 길이를 구할 수 있다.
- 여기서는 높이 = 6, 빗변 = 10이므로 밑변의 길이는 $\sqrt{(10^2 - 6^2)} = \sqrt{64} = 8$이다.

9. c. 4
- A와 B를 짝지어서 앉는 경우의 수는 2가지이고, C와 D를 짝지어서 앉는 경우의 수도 2가지이다. 따라서 가능한 앉는 경우의 수는 2 x 2 = 4이다.

10. c. 0.33
- 1/3은 0.3333 ….과 같은 무한소수이지만, 소수점 첫째 자리에서 반올림하면 0.3이 되고, 소수점 둘째 자리에서 반올림하면 0.33이 된다.

주관식 문제 10문제

1. $\sqrt{3} + \sqrt{7}$를 유리화하시오.
- 정답: c. $(\sqrt{3} + \sqrt{7})(\sqrt{3} - \sqrt{7})$
- 해설: $(\sqrt{3} + \sqrt{7})(\sqrt{3} - \sqrt{7})$을 곱하면, $(\sqrt{3})^2 - (\sqrt{7})^2 = 3 - 7 = -4$ 이므로, $\sqrt{3} + \sqrt{7}$를 유리화할 수 있다.

2. $2x^2 - 3x - 2$를 인수분해하시오.
- 정답: d. $(2x + 1)(x - 2)$
- 해설: $2x^2 - 3x - 2 = 2x^2 - 4x + x - 2 = 2x(x - 2) + 1(x - 2) = (2x + 1)(x - 2)$

3. $y = x^2 + 4x + 3$의 그래프를 그리시오.
- 정답: 그래프를 그려보면, $y = (x + 1)(x + 3)$의 꼴로 변환할 수 있으며, 이차함수의 그래프는 위로 볼록한 형태를 가진다.

4. $x^2 + 2x + 1 = 0$의 해를 구하시오.
- 정답: b. $x = -1$
- 해설: $x^2 + 2x + 1 = 0$의 왼쪽을 $(x + 1)^2$으로 변환하면, $(x + 1)^2 = 0$이므로, $x = -1$이다.

5. (2x − 1)(x + 3)을 전개하면 어떤 식이 나오는지 작성하시오.
- 정답: b. $2x^2 + 5x − 3$
- 해설: $(2x − 1)(x + 3) = 2x^2 + 6x − x − 3 = 2x^2 + 5x − 3$

6. 이차 방정식 $x^2 + 6x + 9 = 0$의 근을 구하시오.
- 정답: a. $x = −3$
- 해설: $x^2 + 6x + 9 = (x + 3)^2 = 0$이므로, $x = −3$이다.

7. 이차 함수 $y = −(x − 2)^2 + 5$의 꼭짓점의 좌표를 구하시오.
- 정답: c. $(2, 5)$
- 해설: $y = −(x − 2)^2 + 5$는 $x = 2$에서 꼭짓점을 가진다. $x = 2$일 때 $y = 5$이므로, 꼭짓점 좌표는 $(2,5)$이다.

8. $3x + 4y = 12$의 그래프를 그리시오.

---

 8. 3x+4y = 12의 그래프를 그리시오. 문제에서 그래프를 그려서 보여줄 수는 없니?

- 해설: 네, 죄송합니다. 텍스트 상으로 그래프를 그리기는 어렵습니다. 하지만 $3x + 4y = 12$는 일반적으로 직선을 나타내는 방정식입니다. 이를 그래프로 그리면 x와 y 축에 수직인 직선이 그려지며, 이 직선이 x축과 y축을 교차하는 지점을 찾으면 됩니다. 또는 x와 y에 임의의 값들을 대입하여 그에 따른 x와 y값의 쌍을 구하고, 이를 좌표평면 상에 표시하여 직선을 그릴 수도 있습니다.

9. 2/3을 소수로 나타내시오.
- 정답: 0.666666666 ….(반복되는 6의 무한소수)
- 2/3은 0.666666666 ….과 같은 무한소수이다. 이는 반복되는 소수로, 6이 무한히 반복된다.

10. (x + 1)(x − 3)의 값을 전개하시오.
- 정답: $x^2 − 2x − 3$
- $(x + 1)(x − 3)$을 전개하면 다음과 같다.
$$x(x-3) + 1(x − 3)$$
$$= x^2 − 3x + x − 3$$
$$= x^2 − 2x − 3$$

기본적인 해설 제공을 요청하면 ChatGPT가 그래프나 그림을 생성해 해설을 제공하지 않을 수 있다. 이럴 경우 무료 계정에서도 한시적으로 사용 가능한 ChatGPT 4.0을 기반으로 대화를 하게 되면 아래와 같이 필요한 그래프를 그려 준다. 다만, 무료 계정에서는 그 용량과 횟수가 제한되니 빠르게 필요한 사항을 요청해 보자.

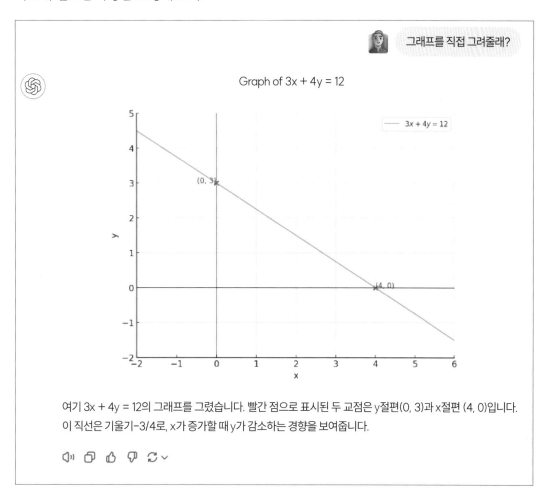

여기 3x + 4y = 12의 그래프를 그렸습니다. 빨간 점으로 표시된 두 교점은 y절편(0, 3)과 x절편 (4, 0)입니다. 이 직선은 기울기-3/4로, x가 증가할 때 y가 감소하는 경향을 보여줍니다.

📎 **Tip**

ChatGPT와 시험지 만들 때의 대화 팁

ChatGPT와의 대화 그리고 시험지 생성 사이트를 활용하면 간단하게 나만의 시험지 생성이 가능하다. 그렇다면 ChatGPT와 대화할 때 어떤 점을 신경쓰면 더 나은 시험지를 만들 수 있을까?

첫째, ChatGPT가 아무것도 모른다고 생각하고 내 머릿속에 있는 시험과 관련된 모든 상황에 대해 자세하게 설명하자. 나는 어떤 상황이며 이 시험의 목적은 무엇인지, 내용은 대주제부터 작은 소주제까지 어떻게 되는지, 그리고 어떤 시험 종류(단순 퀴즈, 단원 평가, 총괄 평가)를 원하는지, 시험 유형(객관식, 주관식, 서술형)은 어떤 것이 좋은지 하나부터 열까지 설명하면 더욱 내가 원하는 문제를 ChatGPT가 답해 줄 가능성이 높아진다.

 초등학교 6학년 1학기 사회 시험 문제 10문제 내줘

 초등학교 6학년 1학기 사회 시험 문제 10문제는 다음과 같습니다.

1. 우리나라의 4대강 중 가장 긴 강은?
2. 세계에서 가장 큰 대륙은?
3. 대한민국의 수도는?
4. 대한민국의 국기 색깔은?
5. 대한민국에서 가장 높은 산은?
6. 세계에서 가장 큰 바다는?
7. 한국전쟁이 일어난 연도는?
8. 우리나라에서 가장 남쪽에 있는 섬은?
9. 대한민국에서 가장 큰 호수는?
10. 세계에서 가장 많은 인구를 가진 나라는?
11. 이 문제들은 대한민국 교육과정에 따른 예시이며, 해당 교육과정에서 변경이 있을 수 있습니다.

 한국의 초등학교 6학년 1학기 사회 시험 문제를 내고 싶어. 문제는 10문제가 필요하고, 객관식 5문제와 주관식 5문제였으면 좋겠어. 6학년 1학기 사회 내용은 다음과 같아.

1. 민주주의 발전과 시민 참여
   : 4.19 혁명, 5.18 민주화 운동, 6월 민주항쟁
2. 일상생활과 민주주의
   : 시민들의 정치 참여 방법, 민주주의 의미, 민주주의에서 필요한 태도
3. 민주주의 원리와 국가 기관의 역할
   : 국민 주권, 헌법, 입법/사법/행정기관

 객관식 문제 5문제

1. 4.19 혁명의 발생 원인은 다음 중 어떤 것인가요?
   a. 경제적 불평등과 불안정   b. 정치적 탄압과 억압
   c. 교육제도의 문제점   d. 국제적 갈등과 전쟁

2. 민주주의에서 시민들이 정치 참여를 할 수 있는 방법 중, '의회를 통한 정치 참여'에 해당하지 않는 것은?
   a. 투표 참여   b. 시위 참여
   c. 정당 가입 및 후보 등록   d. 국민 제안 및 청원

3. 민주주의의 의미는 다음 중 어떤 것인가요?
   a. 권위주의적 체제   b. 집단주의적 체제
   c. 근대적 자유주의 체제   d. 국민의 통치 체제

4. 입법/사법/행정 기관 중, 사법 기관의 역할은 무엇인가요?
   a. 법률을 만드는 역할   b. 법률을 시행하는 역할
   c. 법률에 따른 판결을 내리는 역할   d. 국가 예산을 편성하는 역할

5. 대한민국의 헌법이 제정된 해는 언제인가요?
   a. 1945년   b. 1948년
   c. 1950년   d. 1953년

주관식 문제 5문제

1. 국민 주권이란 무엇인가요? 이것이 민주주의와 어떤 연관성이 있나요?
2. 6월 민주항쟁이란 무엇이며, 어떤 시대적 배경에서 일어났나요?

둘째, ChatGPT에게 다양한 문제를 받아 보자. ChatGPT가 답변으로 열심히 시험 문제 출제를 완료하면 아래에 [Regenerate response] 버튼이 나타난다. 이 버튼을 클릭하면 앞서 설명한 상황 안에서 이전 답변과는 다른 새로운 문제를 출제해 준다(혹은 또 다른 문제를 출제해 달라고 요청해도 좋다). 이 기능을 반복적으로 활용하면 나만의 문제풀을 생성해 선택적으로 시험 문제를 활용할 수 있다.

🔄 Regenerate response

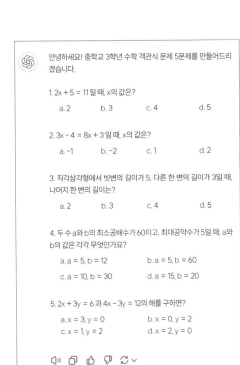

안녕하세요! 중학교 3학년 수학 객관식 문제 5문제를 만들어드리겠습니다.

1. 2x + 5 = 11일 때, x의 값은?
   a. 2   b. 3   c. 4   d. 5

2. 3x − 4 = 8x + 3일 때, x의 값은?
   a. −1   b. −2   c. 1   d. 2

3. 직각삼각형에서 빗변의 길이가 5, 다른 한 변의 길이가 3일 때, 나머지 한 변의 길이는?
   a. 2   b. 3   c. 4   d. 5

4. 두 수 a와 b의 최소공배수가 60이고, 최대공약수가 5일 때, a와 b의 값은 각각 무엇인가요?
   a. a = 5, b = 12   b. a = 5, b = 60
   c. a = 10, b = 30   d. a = 15, b = 20

5. 2x + 3y = 6 과 4x − 3y = 12의 해를 구하면?
   a. x = 3, y = 0   b. x = 0, y = 2
   c. x = 1, y = 2   d. x = 2, y = 0

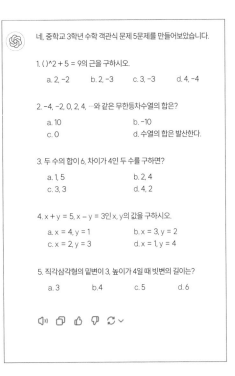

네, 중학교 3학년 수학 객관식 문제 5문제를 만들어보았습니다.

1. ( )^2 + 5 = 9의 근을 구하시오.
   a. 2, −2   b. 2, −3   c. 3, −3   d. 4, −4

2. −4, −2, 0, 2, 4, …와 같은 무한등차수열의 합은?
   a. 10   b. −10
   c. 0   d. 수열의 합은 발산한다.

3. 두 수의 합이 6, 차이가 4인 두 수를 구하면?
   a. 1, 5   b. 2, 4
   c. 3, 3   d. 4, 2

4. x + y = 5, x − y = 3인 x, y의 값을 구하시오.
   a. x = 4, y = 1   b. x = 3, y = 2
   c. x = 2, y = 3   d. x = 1, y = 4

5. 직각삼각형의 밑변이 3, 높이가 4일 때 빗변의 길이는?
   a. 3   b. 4   c. 5   d. 6

셋째, 수학 시험지를 만들 때 기하 영역의 경우 문제 출제가 사용하는 ChatGPT의 버전에 따라 다른 결과를 받게 된다는 것을 미리 고려하자.

만약 기본적으로 제공되는 ChatGPT 3.5 버전을 사용하게 되면 다음과 같이 기하 영역 문제를 줄글로 풀어서 설명하고는 한다. 한 번 더 그림을 요청하더라도 프롬프트 안에서 대략적으로 그려주는 한계를 보인다.

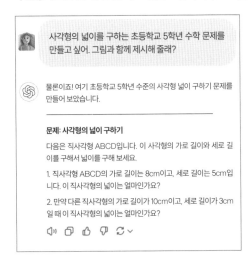

사각형의 넓이를 구하는 초등학교 5학년 수학 문제를 만들고 싶어. 그림과 함께 제시해 줄래?

물론이죠! 여기 초등학교 5학년 수준의 사각형 넓이 구하기 문제를 만들어 보았습니다.

문제: 사각형의 넓이 구하기

다음은 직사각형 ABCD입니다. 이 사각형의 가로 길이와 세로 길이를 구해서 넓이를 구해 보세요.

1. 직사각형 ABCD의 가로 길이는 8cm이고, 세로 길이는 5cm입니다. 이 직사각형의 넓이는 얼마인가요?

2. 만약 다른 직사각형의 가로 길이가 10cm이고, 세로 길이가 3cm일 때 이 직사각형의 넓이는 얼마인가요?

그림으로도 나타낼 수 있어?

좋아요! 여기 직사각형 ABCD를 그림으로 나타낸 것입니다.

위 그림은 가로 길이가 AB 혹은 CD이고, 세로 길이가 AD 혹은 BC인 직사각형 ABCD를 보여 줍니다.

그러나 업데이트 된 ChatGPT 4.0 혹은 4o를 유료로 사용하게 되면 이미지와 함께 기하 영역 문제를 출제해 주는 것을 확인할 수 있다.

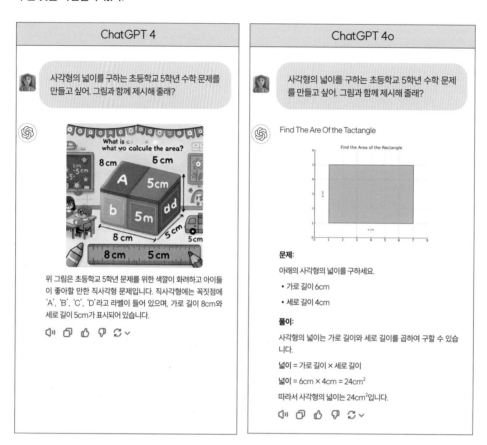

원하는 목적에 따라 적절한 버전의 ChatGPT를 선택하고, 필요한 경우 유료 결제를 하여 편리한 서비스를 이용해 보자.

시험지 만들기

　　단순히 혼자 간단하게 나의 실력을 확인해 보기 위해 시험 문제가 필요한 것이라면 ChatGPT가 제공한 문제를 그냥 공책에 풀어 보면 된다. 그러나 상황에 따라 (특히 내가 교사라면) 여러 시험지 형태로 문제들을 배치하고 편집해야 할 수도 있을 것이다. 그럴 때는 다양한 시험지 생성 사이트를 활용하여 내가 필요한 '시험지'를 만들 수 있다.

1 워크시트 메이커(유료)

> #영어 시험지 #읽기 #문법 #어휘 #문제 제작

　다양한 교재, 모의고사 혹은 사용자가 가진 영어 지문을 활용하여 편리하고 빠르게 영어 시험지를 만들 수 있는 문제 자동 제작 사이트이다.

❶ ChatGPT를 통해 영어 지문과 해석을 얻는다.

 영어 공부를 하기 위해 영어 지문을 얻고 싶어. 단어 수준은 중학교 1학년 학생 수준이었으면 좋겠어. 영어 지문의 길이는 200단어로 구성되었으면 좋겠어.

물론이죠! 다음은 중학교 1학년 학생들이 이해하기 쉬운 수준의 200단어 영어 지문입니다.

Title: My Favorite Hobby

I have a favorite hobby that I really enjoy. It's playing soccer. I started playing soccer when I was elementary school and I have been playing ever since.

I have playing soccer because it's a fun and exciting sport. It requires teamwork, skill, and strategy. When I'm playing soccer, I feel energized and alive. It's a great way to stay active and healthy.

I also enjoy playing soccer because it's a social activity. I get to play with my friends and make new friends on the soccer field. We cheer each other on and work together to score goals.

I practive soccer every day after school. I work on my passing, dribbling and shooting skills. I also run laps to improve my endurance. Practice makes perfect, and I want to become the best soccer player I can be.

In conclusion, playing soccer is my favorite hobby. It's fun, exciting, and a great way to stay active and socialize with my friends. I hope to continue playing soccer for many years to come.

◁》 ⎘ 👍 👎 ⟳ ⌄

 위의 영어 지문의 해석도 알려 줘.

 제가 작성한 중학교 1학년 학생들이 이해할 수 있는 수준의 200단어 영어 지문의 해석은 다음과 같습니다.

제목: 내가 즐겨하는 취미

제가 즐겨하는 취미가 있습니다. 바로 축구입니다. 저는 초등학교 때부터 축구를 시작했고, 그 이후로도 계속해서 축구를 하고 있습니다.

저는 축구를 즐기는 이유는 그것이 재미있고 흥미진진한 스포츠이기 때문입니다. 축구는 팀워크, 기술, 전략이 필요합니다. 축구를 하면 활기차고 생동감이 넘칩니다. 그리고 몸을 활발하게 움직여 건강을 유지하는 좋은 방법이기도 합니다.

또한, 저는 축구를 하면 사회적인 활동을 할 수 있다는 점도 좋아합니다. 친구들과 함께 축구를 하면서 새로운 친구들을 만날 수 있습니다. 우리는 서로 응원하며 골을 넣기 위해 함께 노력합니다.

저는 매일 방과 후에 축구를 연습합니다. 패스, 드리블 및 슛 등의 기술을 향상시키기 위해 노력합니다. 또한, 지구력을 향상시키기 위해 뛰어요. 연습은 완벽을 만들어주기 때문에, 제가 할 수 있는 최고의 축구 선수가 되고 싶습니다.

결론적으로, 축구는 제가 가장 좋아하는 취미입니다. 재미있고 흥미진진하며 친구들과 함께 활동할 수 있는 좋은 방법입니다. 저는 앞으로도 축구를 계속해서 즐기고 싶습니다.

◁》 ⎘ 👍 👎 ⟳ ⌄

❷ [리딩워크시트 바로가기]를
클릭한다.

❸ [새 워크시트]를 클릭한다.

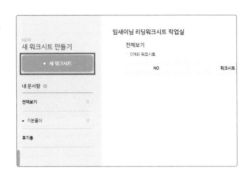

❹ 시험지 제목을 입력하고, [내 자료 직접 입력]을 선택한다.

❺ 지문 레벨을 선택한다(사용 어휘를 통해 문제의 난이도가 조절된다).

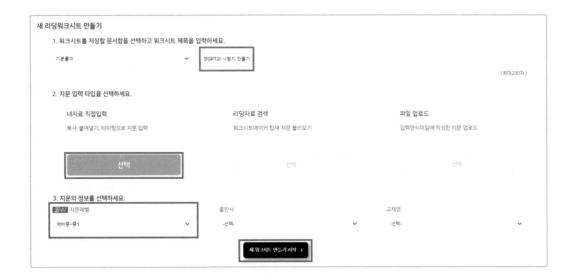

❻ ChatGPT를 통해 얻게 된 영어 지문과 해석을 복사 - 붙여넣기로 입력한다.

본문	해석
Title: My Favorite Hobby	제목: 내가 가장 즐겨하는 취미
I have a favorite hobby that I really enjoy. It's playing soccer. I started playing soccer when I was elementary school and I have been playing ever since.	제가 즐겨하는 취미가 있습니다. 바로 축구입니다. 저는 초등학교 때부터 축구를 시작했고, 그 이후로도 계속해서 축구를 하고 있습니다.
I have playing soccer because it's a fun and exciting sport. It requires teamwork, skill, and strategy. When I'm playing soccer, I feel energized and alive. It's a great way to stay active and healthy.	제가 축구를 즐기는 이유는 그것이 재미있고 흥미진진한 스포츠이기 때문입니다. 축구는 팀워크, 기술, 전략이 필요합니다. 축구를 하면 활기차고 생동감이 넘칩니다. 그리고 몸을 활발하게 움직여 건강을 유지하는 좋은 방법이기도 합니다.
I also enjoy playing soccer because it's a social activity. I get to play with my friends and make new friends on the soccer field. We cheer each other on and work together to score goals.	또한, 저는 축구를 하면 사회적인 활동을 할 수 있다는 점도 좋아합니다. 친구들과 함께 축구를 하면서 새로운 친구들을 만날 수 있습니다. 우리는 서로 응원하며 골을 넣기 위해 함께 노력합니다.
I practive soccer every day after school. I work on my passing, dribbling and shooting skills. I also run laps to improve my endurance. Practice makes perfect, and I want to become the best soccer player I can be.	저는 매일 방과 후에 축구를 연습합니다. 패스, 드리블 및 슛 등의 기술을 향상시키기 위해 노력합니다. 또한, 지구력을 향상시키기 위해 뛰어요. 연습은 완벽을 만들어 주기 때문에, 제가 할 수 있는 최고의 축구 선수가 되고 싶습니다.
In conclusion, playing soccer is my favorite hobby. It's fun, exciting, and a great way to stay active and socialize with my friends. I hope to continue playing soccer for many years to come.	결론적으로, 축구는 제가 가장 좋아하는 취미입니다. 재미있고 흥미진진하며 친구들과 함께 활동할 수 있는 좋은 방법입니다. 저는 앞으로도 축구를 계속해서 즐기고 싶습니다.

❼ 자동으로 문장 단위로 나누어진 지문을 검토한다.

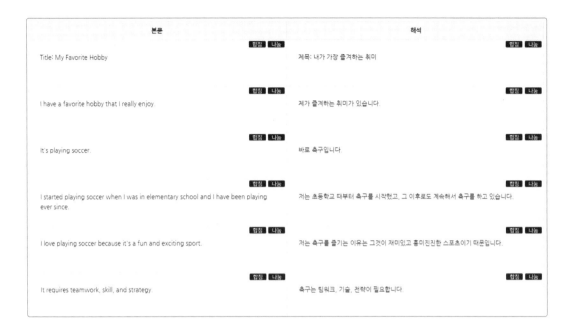

본문	해석
Title: My Favorite Hobby [합침][나눔]	제목: 내가 가장 즐겨하는 취미 [합침][나눔]
I have a favorite hobby that I really enjoy. [합침][나눔]	제가 즐겨하는 취미가 있습니다. [합침][나눔]
It's playing soccer. [합침][나눔]	바로 축구입니다. [합침][나눔]
I started playing soccer when I was in elementary school and I have been playing ever since. [합침][나눔]	저는 초등학교 때부터 축구를 시작했고, 그 이후로도 계속해서 축구를 하고 있습니다. [합침][나눔]
I love playing soccer because it's a fun and exciting sport. [합침][나눔]	저는 축구를 즐기는 이유는 그것이 재미있고 흥미진진한 스포츠이기 때문입니다. [합침][나눔]
It requires teamwork, skill, and strategy. [합침][나눔]	축구는 팀워크, 기술, 전략이 필요합니다. [합침][나눔]

❽ 여러 유형으로 자동 제작된 연습 문제를 확인하고 수정하고 싶은 부분을 수정한다.

❾ 시험지를 다운로드하면 완성이다.

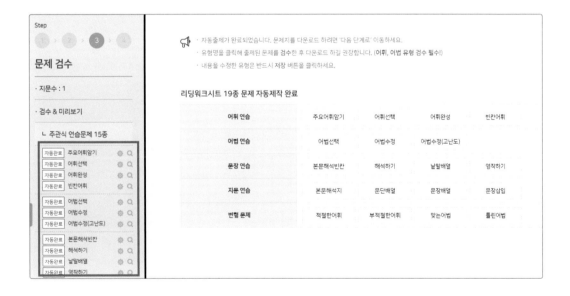

2 마이크로소프트 폼즈(Forms) - 온라인 퀴즈 시험지

> #퀴즈 #온라인 #자동채점과통계 #타이머기능

온라인 설문 서비스를 기반으로 컴퓨터, 태블릿 PC, 모바일 기기 등을 활용하여 퀴즈와 학습을 진행할 수 있는 플랫폼이다.

❶ ChatGPT를 통해 학생들에게 출제하고 싶은 문제와 답을 얻는다.

❷ 마이크로소프트 폼즈 대시보드에서 [새 퀴즈] 클릭하기

❸ 퀴즈의 제목 입력하기

❹ 원하는 개수의 문제 입력하고, 정답 및 배점 설정하기

❺ 제한 시간 설정하기(선택)

　추가 메뉴(...) > 설정 > 기간 설정 > 제한 시간 입력

❻ 퀴즈 미리보기로 검토하기

❼ 퀴즈 링크를 학생들에게 전송하기

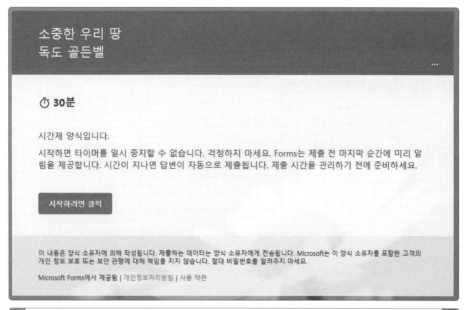

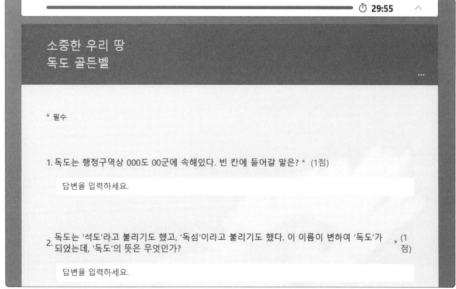

▲ 마이크로소프트 폼즈 결과물 화면

확장하기: 공부에 도움되는 그 외 ChatGPT 활용법

ChatGPT로 시험지를 만들어 보면, ChatGPT가 나의 공부에 충분히 도움이 될 수 있음을 단박에 느낄 수 있을 것이다. 그렇다면 공부에 또 어떻게 활용하면 좋을까?

1 유튜브 영상 시청 여부 확인 퀴즈 생성하기

온라인 수업 때 유튜브 영상을 학생들이 시청했는지 확인해야 하는 경우가 있을 수 있다. 그렇다고 그 많은 영상들을 직접 하나하나 되돌아보며 작은 부분에 대해 퀴즈를 내기에 시간이 부족하지 않은가. 이때 ChatGPT를 활용해 보자.

시험지를 만들 때와 비슷하게 나의 상황을 ChatGPT에게 설명한다. 그리고 내가 퀴즈로 확인하고자 하는 영상의 스크립트를 ChatGPT에게 전달한다(스크립트는 유튜브의 각 영상 '더보기 > 스크립트 표시'에서 확인할 수 있다). 그러면 ChatGPT는 해당 영상의 내용을 담은 퀴즈를 내가 원하는 만큼 아주 빠르게 생성해 줄 것이다.

 영상을 보고 학생들이 시청했는지 확인하는 문제를 내고 싶어. 아래에 영상의 스크립트를 첨부할 테니 영상 내용을 묻는 퀴즈 5가지를 내 줘.

 아래는 영상 스크립트를 활용한 5가지 문제입니다.

1. 베토벤의 생일은 언제인가요?

2. 베토벤은 어느 도시에서 태어났나요?

3. 어머니를 잃은 후, 베토벤은 누구의 제자가 되어 음악 공부를 하였나요?

4. 베토벤이 음악가로서 명성을 얻게 된 계기는 무엇이었나요?

5. 베토벤이 청력을 잃은 이유는 무엇인가요?

2 보고서 작성 도움받기

긴 글의 보고서를 작성하는 일은 부담되는 일이다. 특히 첫 시작 단계에서 눈앞에 오직 하얗기만 한 빈 종이를 보고 있으면 무엇부터 시작하면 좋을지 막막하기만 하다. 천리 길도 한 걸음부터라고, 그 한 걸음을 ChatGPT와 함께 떼어 볼 수 있다.

1 보고서 내용의 개요 짜기

ChatGPT에게 내가 쓰고자 하는 보고서의 작성 배경, 내용 등 상황을 설명하고 개요를 짤 줄 것을 요청해 보자. 직접 개요를 짜도 좋지만, ChatGPT가 제시한 개요를 참고하면 더 원활하게 글의 첫 구성을 가늠해 볼 수 있을 것이다.

2 참고 자료 도움 받기

풍부한 보고서를 쓰기 위해서는 다양한 참고 자료에 대한 깊은 이해가 뒷받침되어야 한다. 이를 위해 많은 자료들을 살펴보고자 하지만 시간적 제약이 있기 마련이다. 이럴 때 ChatGPT와 그 기반의 다양한 인공지능 대화 플랫폼을 활용하면 단 몇 초 만에 자료를 읽고, 요약하며 이를 기반으로 정리해 준다.

› ChatPDF

PDF 문서 파일을 업로드한 뒤, 인공지능에게 해당 내용에 대한 질의응답을 통해 PDF 내용을 빠르게 조사하는 데 활용할 수 있는 사이트로 32MB까지만 업로드 가능하다.

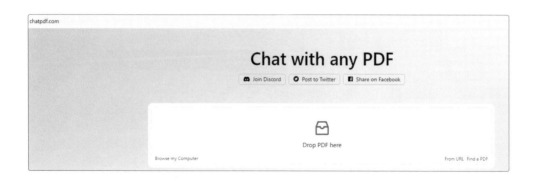

질문 예시) 다루고 있는 내용은 무엇인가요?
대답 예시) 다루는 내용에 대한 요약과 세부 쪽수를 제공

안녕하세요! 이 PDF 파일은 2021년 전 지구 기후 현황에 대한 보고서입니다. 이 보고서는 세계 기상 기구에서 영어로 작성되었으며, APEC 기후 센터에서 국문으로 번역되었습니다. 이 보고서는 날씨, 기후, 물 등에 대한 정보를 제공합니다.

▷ 이 보고서에서 다루는 기후 현황은 어떤 내용을 다루나요?
▷ APEC 기후 센터에서 국문 번역을 맡은 이유는 무엇인가요?
▷ 이 보고서에서 제공하는 정보를 활용할 수 있는 방법이 있을까요?

이 자료의 주요 내용은 무엇이야?

이 PDF 파일은 2021년 전 지구 기후 현황에 대한 보고서입니다. 이 보고서는 세계 기상 기구에서 영어로 작성되었으며, APEC 기후 센터에서 국문으로 번역되었습니다. 이 보고서는 날씨, 기후, 물 등에 대한 정보를 제공합니다. 따라서 이 자료의 주요 내용은 전 지구의 기후 상태와 관련된 정보입니다.

지구의 기후 상태에 대해 구체적인 수치로 설명해줘.

이 보고서에서는 지구의 기후 상태에 대한 다양한 수치를 제공합니다. 이 중 일부는 다음과 같습니다:

- 2019년부터 2020년까지 대기 중 CO_2 농도의 증가는 2018년부터 2019년까지 관측된 것보다 약간 낮았지만, 지난 10년 동안의 평균 연간 성장률보다는 높았습니다.
- 이 보고서에서는 온실 가스의 농도, 세계 연간 평균 표면 온도, 세계 평균 해수면, 해양 열 함량, 해양 산성화, 해빙 면적 그리고 빙상과 빙하의 질량 변화 등을 포함한 주요 지표를 제공합니다.
- 위험 기상 및 기후가 식량 안보와 인도주의적 요소에 심각한 영향을 미칠 뿐만 아니라 1000 억 달러 이상의 손실과 피해를 입혔다고 보도되었습니다.

더 자세한 내용은 해당 페이지 번호를 참조해주세요.

CO2 관련 수치의 페이지 번호를 알려줘.

CO_2 관련 수치는 페이지 11에서 찾을 수 있습니다. 해당 페이지에서는 대기의 CO_2 농도가 증가하면 해양의 CO_2 농도 또한 증가하며, 이는 해양 화학에 영향을 미치고, 해양 산성화로 알려진 과정인 물의 평균 pH를 낮춘다는 내용이 제공됩니다.

> ## ReaderGPT

ChatGPT API를 활용해 웹 사이트 페이지의 내용을 자동으로 요약, 정리, 번역해 주는 구글 크롬 확장 프로그램이다.

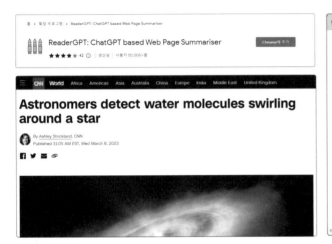

알아두면 좋을 소소하지만 확실한 **ChatGPT 상식**

ChatGPT 논문 저자 등재 사건 및 《네이처》 거절 입장

2022년 12월 국제 학술지 《메드아카이브(medRxiv)》에 실린 미국 의사 면허 시험에서의 ChatGPT의 성능과 실력에 대한 논문(*Performance of ChatGPT on USMLE: Potential for AI-Assisted Medical Education Using Large Language Models, 2022.12.19.*)에 저자 12명 중 하나로 ChatGPT가 이름을 올렸다. 위와 같은 일들이 발생하자 인공지능 툴을 활용하여 연구 논문을 작성할 때 저자 명에 이 인공지능을 등재하는 것이 적절한지 논의가 일어나고 있다.

이와 관련해 과학 학술지 《네이처(Nature)》 산하의 모든 저널은 ChatGPT를 비롯한 대규모 언어 모델(LLM)을 저자로 인정할 수 없다고 원칙을 세웠다. LLM은 해당 연구 작업에 대한 책임을 질 수 없기 때문이다. 이에 LLM 도구를 사용하는 연구자는 연구 방법 또는 감사의 글 등의 항목에 LLM 사용을 명시하도록 제시하였다.

다만, ChatGPT 등 다양한 인공지능 도구들이 삶 속에 스며들고 있고 대학과 연구계, 출판계에서도 이를 피할 수 없다. 이에 논문 등의 연구 결과물 작성에서의 인공지능 도구의 활용을 어느 정도로 인정할지 혹은 전면 금지할지에 대한 논의는 계속될 전망이다.

할루시네이션(Hallucination)

할루시네이션(Hallucination)은 본래 환각 현상을 가리키는 단어이다. 인공지능에서 할루시네이션은 인공지능이 대답한 내용이 틀린 것임에도 불구하고 정확한 정보처럼 보이는 일을 말한다. ChatGPT의 경우 학술적이고 진중한 말투를 갖추고 있기 때문에 말하는 내용이 사실처럼 보이지만 실은 틀린 내용을 담고 있는 경우가 많다. 이와 같은 현상이 일어나는 이유는 여러 가지이다. 잘못된 데이터를 바탕으로 학습하거나 학습량이 부족한 경우이다. 생성된 언어로 다음 언어를 생성하는 언어 모델(LM)은 정답 여부와는 상관없이 가장 높은 확률의 언어를 생성하기 때문에 생겨나는 문제이다. 특히 한국어처럼 웹상에서 차지하는 파이가 작은 언어의 경우에는 그러할 확률이 더 높아진다. 이러한 데이터가 맞는지 틀리는지에 대해 판별할 요량이 없는 ChatGPT의 경우 이러한 모습을 자주 보여 준다. 글쓰기와 같이 정답의 갈래가 여러 개인 경우에는 잘 생성된 것으로 보이지만 정답이 하나로 좁혀지는 질문에는 틀린 경우가 많으므로 주의하도록 하자.

 심청전에 대해 알려 줘.

심청전은 한국에서 가장 잘 알려진 전래동화 중 하나입니다. 이 이야기는 한 나라의 통치자와 그의 딸 사이의 사랑 이야기로, 많은 사람들이 이 이야기를 즐기고 그 속에 담긴 교훈을 받아들입니다.

이 이야기는 일곱 살짜리 소녀 심청과 그녀의 아버지 윤여정이 함께 살고 있던 이야기에서 시작됩니다. 윤여정은 어머니를 잃은 심청을 외롭게 생각하며, 그녀에게 선물을 주면서 그녀를 위로합니다. 그 선물 중 하나는 바다에서 산 진주였습니다.

하지만 어느 날 윤여정은 바다에서 일어난 작은 실수로 죽어버립니다. 이후에, 윤여정의 유골은 바다의 심해로 빠지고, 심청은 아버지의 유골을 찾아 헤매기 시작합니다. 그러나 바다의 신들은 심청의 탐색을 돕기 위해 그녀를 도와주며, 심청은 결국 아버지의 유골을 찾아내고, 바다의 신들이 도와준 보답으로 아버지의 영혼을 안식처로 보내주기를 바랍니다.

이 이야기는 한국 전통문화의 일부분으로서, 가족 간의 사랑과 희생, 또한 인간의 마음에 대한 아름다운 이야기를 담고 있습니다.

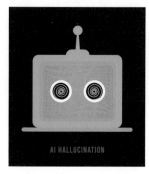

인간의 경우도 '그릇된 권위에 호소하는 오류'라는 것이 존재한다. 특별한 전문가가 이야기하는 것을 다른 분야에서도 무비판적으로 받아들이게 되는 현상을 이야기한다. 또, 적절한 분야의 권위자라 할지라도 전문가의 주장이 항상 타당하다고 생각하는 것을 지칭하기도 한다.

이러한 현상을 방지하기 위해서는 전문가와 마찬가지로 ChatGPT도 맹신하지 않는 것이 가장 중요하다. 항상 비판적으로 생각하고 ChatGPT를 생산성 향상의 도움 정도로 생각하며 단순한 도구 이상으로의 권한을 주어서는 안 될 것이다.

자기 소개를 하는 방법에는 여러 가지가 있다. 포트폴리오도 그중 하나. 포트폴리오란 개인이 가지고 재능을 표현하거나 작업물 등을 모아놓은 문서나 웹 사이트를 말한다. 포트폴리오는 자신의 작업물, 프로젝트, 발표 자료, 아이디어 등을 보여주는 데 사용되며, 이러한 자료들은 개인의 역량과 능력을 증명하는 데 도움이 된다. Chapter 8에서 빠르게 나만의 포트폴리오 웹 페이지를 준비해 보자.

ChatGPT로 포트폴리오 웹 페이지 만들기: HTML

포트폴리오의 구성과 내용

자신을 소개하는 방법은 여러 가지가 있다. 포트폴리오도 그중 하나이다. 포트폴리오란 개인이 가지고 재능을 표현하거나 작업물 등을 모아놓은 문서나 웹사이트를 말한다. 포트폴리오를 이용하면 자신의 작업물, 프로젝트, 발표 자료, 아이디어 등을 보여주는 데 사용되며, 이러한 자료들은 개인의 역량과 능력을 증명하는 데 도움이 된다.

포트폴리오는 웹페이지로 만들면 매우 효율적이고 사용하기 쉽다. 전 세계 어디든 웹페이지 주소만 전달하면 내 포트폴리오를 제출할 수 있다. 포트폴리오는 예술가, 디자이너, 개발자, 작가, 연구원 등 다양한 분야에서 자신의 재능을 선보이는 데 유용하게 사용할 수 있다.

포트폴리오에는 흔히 다음과 같은 내용을 넣을 수 있다.

소개 Introduction	이름, 현재 직업, 간단한 자기소개
경력 요약 Professional Summary	주요 경력, 업무 성과, 핵심 스킬
프로젝트 Projects	프로젝트명 및 간략한 설명, 프로젝트별 역할
교육 및 인증 Education & Certification	주요 기술, 학력, 자격증, 수상 경력
연락처 Contact Information	이메일, 전화번호, 소셜 미디어 링크

▲ 포트폴리오 구성

웹페이지를 이용한 포트폴리오는 다른 사람들이 쉽게 접근할 수 있는 온라인 공간을 제공하므로, 다양한 참조 자료를 수집하고 보관하기 편리하다. 이런 포트폴리오를 잘 구성하는 것만으로도 개인의 능력을 더욱 돋보이게 할 수 있다. 그럼, ChatGPT와 함께 효율적이고 빠르게 포트폴리오를 준비해 보자.

HTML 양식 익히기

웹 페이지를 만드는 방법은 여러 가지가 있지만, 모든 웹 페이지는 HTML, CSS, JS라는 3종류의 코드를 이용해서 만들어진다. 각각의 역할을 간단하게 표현하면 다음과 같다.

HTML	웹 페이지의 내용과 구조를 표현하는 데 사용된다. 텍스트, 이미지, 비디오 등을 표현한다.
CSS	웹 페이지의 디자인을 표현하는 데 사용된다. 글꼴, 색상, 배경 등을 세련되게 보이도록 돕는다.
JS(JavaScript)	웹 페이지의 상호 작용을 담당한다. 클릭, 드래그 앤 드롭 등의 기능을 제공한다.

▲ 웹페이지의 구조

이 중에서 가장 기초가 되는 것은 HTML이다. 먼저, "안녕하세요. 챗지피티입니다"라는 글자가 나오도록 웹 페이지를 간단하게 구성해 보자.

 Tip

"안녕하세요. 챗지피티입니다"가 나오는 웹 페이지 구성하기

1. 두괄식으로 무엇을 원하는지 말하기

   ⊙ 예 HTML 코드를 짜 줘, 파이썬 코드를 짜 줘

2. 원하는 것을 한 문장으로 쓰지 말고 여러 가지 조건으로 나누어서 쓸 것, 조건을 여러 가지 주는 경우 구체적으로 몇 가지 조건을 말하는 것도 효과적임

   ⊙ 예 다음 3가지 조건을 만족해야 함

조건 1: ~라는 글자를 출력할 것
조건 2: ~라는 그림을 출력할 것
조건 3: 글자를 중앙 정렬할 것

이제 준비가 끝났으면 다음과 같이 입력해 보자. HTML 언어를 처음 배운다는 생각으로 가볍게 코드를 요청해 보자. 해석도 무척 친절하게 나오므로 참고한다면 처음 HTML 언어를 다루는 사람도 자신의 의도와 맞지 않는 부분을 찾아내어 수정할 수 있을 것이다.

다음과 같이 3가지 조건을 만족하는 HTML 코드를 짜 줘.
조건 1: "안녕하세요 챗지피티입니다" 글자가 나올 것
조건 2: "내 사진.jpg" 파일을 글자 밑에 보이게 할 것
조건 3: 코드 해석을 포함할 것

다음은 주어진 3가지 조건을 만족하는 HTML 코드 예제입니다.

```html
<!DOCTYPE html>
<html>
<head>
    <title>인사 페이지</title>
</head>
<body>
    <!-- 조건 1: 텍스트 "안녕하세요 챗지피티입니다"를 표시합니다 -->
    <h1>안녕하세요 챗지피티입니다</h1>
    <!-- 조건 2: "내 사진.jpg" 이미지 파일을 웹 페이지에 표시합니다 -->
    <img src="내 사진.jpg" alt="내 사진">
</body>
</html>
```

코드 해석

<!DOCTYPE html>: 이 문서가 HTML5 문서임을 선언합니다.

<html> 태그: HTML 문서의 루트 요소를 정의합니다.

<head> 태그: 문서의 메타데이터(문서 제목, 문자 인코딩 등)를 포함합니다.

<title> 태그: 웹 브라우저 탭에 표시될 제목을 "인사 페이지"로 설정합니다.

<body> 태그: 웹 페이지의 실제 내용을 포함하는 부분입니다.

<h1> 태그: 가장 큰 제목을 표시하는 태그로, "안녕하세요 챗지피티입니다"라는 텍스트를 큰 글씨로 표시합니다.

<img> 태그: 이미지를 웹 페이지에 삽입하는 태그로, src 속성은 이미지 파일의 경로를 지정하며, alt 속성은 이미지가 보이지 않을 때 표시될 대체 텍스트를 지정합니다.

이 HTML 코드를 사용하면, 웹 페이지에 "안녕하세요 챗지피티입니다"라는 제목과 그 아래에 "내 사진.jpg" 이미지가 올바르게 표시됩니다. "내 사진.jpg" 파일이 웹 서버의 같은 디렉토리에 존재해야 하며, 파일 경로가 정확해야 이미지가 제대로 표시됩니다.

◁» ᗕ ᗏ ᗑ ᨀ ⌄

Repl을 이용하여 웹 페이지 만들기

Repl(Read-Eval-Print-Loop)은 온라인 개발 환경으로, HTML, CSS, JavaScript 등 다양한 웹 개발 언어를 지원한다. Repl을 이용하여 간단한 웹 페이지를 만드는 방법은 다음과 같다.

2 https://replit.com에 접속하기

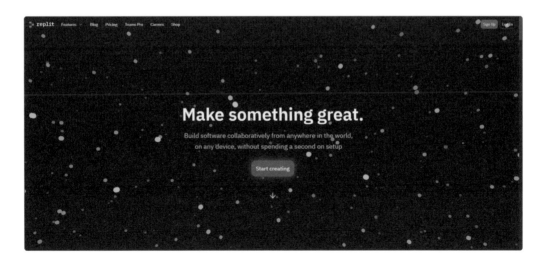

2 [Sign Up]을 눌러 회원 가입하고 로그인하기

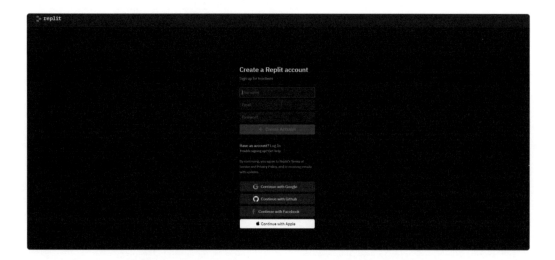

3 [Create Repl] 클릭하고 HTML, CSS, JS 선택하여 템플릿 만들기

4 index.html 편집하기

➊ ChatGPT의 도움을 받아 만든 HTML 코드를 입력하고, 상단의 [▶ Run] 버튼을 눌러 오른쪽에서 웹 페이지를 확인한다.

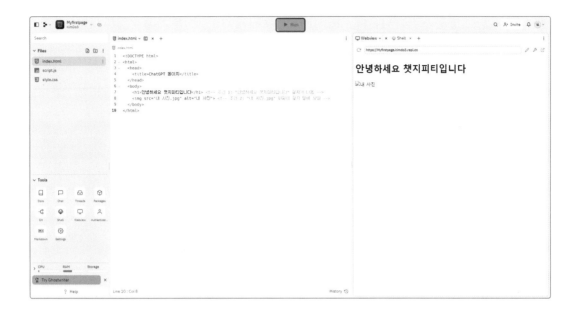

❷ 내 사진이라는 파일이 없어 그림이 아이콘으로 나오는 현상이 있다. [Upload file]을 선택해 내 사진.jpg라는 파일을 추가한다.

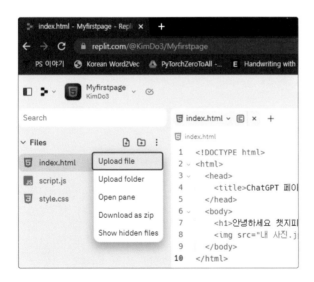

❸ 다음과 같이 그림과 글이 나온다. ChatGPT와 함께 HTML 코드를 계속 수정해 보자.

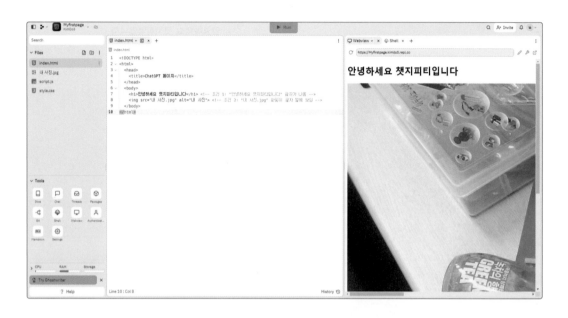

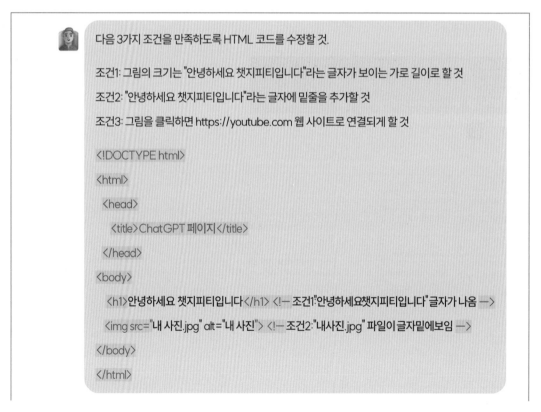

다음 3가지 조건을 만족하도록 HTML 코드를 수정할 것.

조건1: 그림의 크기는 "안녕하세요 챗지피티입니다"라는 글자가 보이는 가로 길이로 할 것

조건2: "안녕하세요 챗지피티입니다"라는 글자에 밑줄을 추가할 것

조건3: 그림을 클릭하면 https://youtube.com 웹 사이트로 연결되게 할 것

```
<!DOCTYPE html>

<html>

  <head>

    <title>ChatGPT 페이지</title>

  </head>

<body>

    <h1>안녕하세요 챗지피티입니다</h1> <!— 조건1:"안녕하세요챗지피티입니다" 글자가 나옴 —>

    <img src="내 사진.jpg" alt="내 사진"> <!— 조건2:"내사진.jpg" 파일이 글자밑에보임 —>

</body>

</html>
```

다음과 같이 조건에 맞게 수정할 수 있습니다.

```html
<!DOCTYPE html>
<html>
  <head>
    <title>ChatGPT 페이지</title>
    <style>
      h1 {
        text-decoration: underline; /* 조건 2: 밑줄 추가 */
      }
      img {
        width: 100%; /* 조건 1: 가로 길이로 크기 설정 */
        cursor: pointer; /* 조건 3: 클릭 시 포인터 커서로 변경 */
      }
    </style>
  </head>
<body>
    <h1>안녕하세요 챗지피티입니다</h1>

    <a href="https://youtube.com" target="_blank">
      <img src="내 사진.jpg" alt="내 사진">
    </a> <!-- 조건 3: 그림을 클릭하면 https://youtube.com으로 이동 -->
  </body>
</html>
```

위 코드에서, ⟨style⟩ 태그 안에 CSS 코드를 추가하여 조건 1과 2를 만족시켰습니다. 이미지를 클릭하면 해당 웹 사이트로 이동할 수 있도록 ⟨a⟩ 태그를 사용하고, target="_blank" 속성을 추가하여 새 창에서 웹 사이트를 열도록 했습니다. 이렇게 수정된 코드를 브라우저에서 실행하면 조건에 맞게 웹 페이지가 표시됩니다.

◁》 ⧉ 🖒 🖓 ↻ ⌄

ChatGPT의 훌륭한 수정 덕분에 쉽게 웹 페이지를 구성할 수 있다. 오른쪽 Webview에서 실습한 웹 페이지에 주소를 입력해 간단하게 접속할 수 있다.

4 확장하기: 마우스오버(Mouseover) 시 색상 변환

HTML을 익혀서 웹 페이지를 만드는 일은 전문가에게는 쉽지만, 처음 접하는 사람에게는 무척 생소한 개념이다. 필자 역시 수십 년 전 『홈페이지 무작정 따라하기』와 같은 책을 구입해서 하나씩 따라하던 추억이 떠오른다. 한 가지 기능을 익히고 그것을 잊지 않기 위해서 별도로 메모를 하고 외웠던 시절에 비하면 무척 큰 발전이다. 이제는 페이지의 대략적인 구성을 말하면 인공지능이 HTML 코드를 생성해 준다. 물론 만능의 기술이 아니라 어느 정도의 오류는 발생하지만, 이것은 추가적인 설명과 명령어 수정 혹은 교차 검색을 통해 어느 정도 가려낼 수 있다. 가령 다음과 같은 복잡한 기능도 검색을 통한 공부보다 직관적으로 인공지능과 대화하면서 쉽게 기능을 습득하고 빠르게 처리할 수 있다. 이렇게 빨라진 기능 습득과 빠른 처리로 우리의 편익을 최대화해 보자!

 위 코드에서 그림이 흑백이었다가, 그림 위에 마우스를 올리면 그림이 컬러 사진으로 변하게 하는 기능을 추가해 줘.

※주의: 기존에 작업하던 내용이 남아 있는 상태에서 위와 같이 질문할 것

 이미지 위에 마우스를 올리면 흑백 사진으로 변하는 효과를 추가하려면 CSS filter 속성을 사용할 수 있습니다. 다음과 같이 코드를 수정해 보세요.

```html
<!DOCTYPE html>
<html>
  <head>
    <title>ChatGPT 페이지</title>
    <style>
      h1 {
        text-decoration: underline;
      }
      img {
        width: 100%;
        cursor: pointer;
        filter: grayscale(100%); /* 모든 이미지를 흑백으로 변환 */
        transition: all 0.3s ease; /* 마우스오버 시 부드러운 전환 효과 */
      }
      img:hover {
        filter: grayscale(0%); /* 마우스오버 시 흑백에서 원래 색상으로 변경 */
      }
    </style>
  </head>
  <body>
    <h1>안녕하세요 챗지피티입니다</h1>
    <a href="https://youtube.com" target="_blank">
      <img src="내 사진.jpg" alt="내 사진">
    </a>
  </body>
</html>
```

위 코드에서는 filter: grayscale(100%); 속성을 사용하여 모든 이미지를 흑백으로 변환했습니다. 그리고 transition: all 0.3s ease; 속성을 사용하여 마우스오버 시 부드러운 전환 효과를 추가했습니다. 마지막으로 img:hover 선택자를 사용하여 마우스오버 시 이미지의 filter 속성 값을 grayscale(0%)로 변경하여 흑백에서 원래 색상으로 되돌리도록 했습니다.

HTML의 역사

HTML은 웹의 창시자인 팀 버너스리가 제안하였다. 1990년대 초 그는 유럽입자물리연구소 (CERN)에서 새로운 정보 전달 시스템을 개발하면서 HTML(HyperText Markup Language), HTTP(HyperText Transfer Protocol) 및 URL(Uniform Resource Locator)을 창안한다. 그리고 이 세 단어는 지금 인터넷을 사용하는 사람이라면 한번쯤 들어본 단어가 되었다.

HTML은 그 이름에도 드러나 있듯 하이퍼텍스트(HyperText)라는 개념에 기반을 두고 있다. 하이퍼텍스트는 여러 문서나 정보를 서로 연결하여 탐색하는 기술이다. HTML의 초기 버전은 원래의 목적인 정보 공유와 교환에 충실하였기 때문에, 매우 간단한 문서 구조만 표현할 수 있었다. 그러나 웹 페이지의 디자인과 기능이 발전하면서 HTML의 태그와 속성도 계속 추가되고 확장되며 다양한 버전의 HTML이 등장하게 되었다. 현실의 바다가 소금과 물로 이루어져 있듯이 정보의 바다는 HTML로 이루어져 있다. 현재 HTML 5.0을 표준으로 지정하고 있다.

```
<html lang="ko">
<head>
<meta charset="UTF-8">
<meta http-equiv="X-UA-Compatible"
content="IE=edge">
<meta name="viewport" content="width=device-
width, initial-scale=1.0">
<title>성안당 출판사 공식 도서몰</title>
<meta name="description" content="소방/안전, 에
너지/화학, 전기전자, IT/컴퓨터, 미용 기술공학 자격증, 과
학학습만화, 실용서 등 판매."><meta name="keywords"
content="성안당, 사이버출판사, 소방/안전, 에너지/화
학, 전기전자, IT/컴퓨터, 미용 기술공학 자격증, 과학학습
만화, 실용서"><meta name="author" content="성
안당"><link rel="shortcut icon" type="image/
x-icon" href="https://www.cyber.co.kr/book/
uploads/favicon/7a7d51419a2eb20268be8dab41d1
db48.ico" />
```

▲ 홈페이지　　　　　　　　　　　　　　　　▲ HTML

현재 엑셀이란 프로그램으로 가장 많이 사용하는 스프레드시트는 다양한 자료를 정확하게 처리해주고 자료 분석을 통해 보고서를 작성하거나 차트를 만드는 것까지 다양한 업무에서 사용할 수 있는 만능 툴이다. 수많은 데이터와 복잡한 수식을 ChatGPT로 해결할 수 있을까? Chapter 9에서 그 방법을 차근차근 살펴보자.

ChatGPT로
스프레드시트
효율화하기

스프레드시트의 문제

가로와 세로의 결합으로 표를 만들어내고, 이 표를 이용하여 숫자를 계산하는 방식은 우리의 사고 과정을 1차원에서 2차원으로 확장하였고 수집된 데이터가 계산을 통해 부가가치를 창출하는 정보로 탈바꿈하도록 만들어 주었다. 현재 엑셀이란 프로그램으로 가장 많이 사용하는 스프레드시트는 다양한 자료를 정확하게 처리해 주고 자료 분석을 통해 보고서를 작성하거나 차트를 만드는 것까지 다양한 업무에서 사용할 수 있는 만능 툴이다.

아마 현재 기업에서 가장 필요한 소프트웨어 하나만 고르라면 단연코 엑셀이 첫 번째가 될 것이다. 엑셀 관련 키워드는 늘 상위권에 위치하고 있다. 회사원 대부분이 매번 사용하지만 그럼에도 엑셀은 늘 검색을 필요로 한다. 복잡한 계산을 처리하기 위해 수식을 사용하게 되는데 자주 사용하지 않는 수식은 잊어버리기 때문이다.

수식뿐이 아니다. 스프레드시트는 그 자체로 데이터를 정리하는 도구이다. 수많은 자료들을 셀에 일일이 정리하는 것도 굉장히 힘든 일이다.

▲ 엑셀 시트 예제

이렇게 많은 양의 데이터를 정리해야 하고, 또 복잡한 수식을 동원해 계산해야 하는 스프레드시트 정리와 계산을 ChatGPT의 도움을 빌려 수행한다면 어떨까? 한번 GPT를 이용하여 문제를 해결해 보자.

1 openAI의 API 키 발급받기

❶ openAI 가입하기

먼저 스프레드시트에서 GPT를 사용하기 위한 API 키를 입력하여야 한다. 'https://platform.openai.com/api-keys'로 접속하거나 openai.com으로 접속한 후 [Dashboard] – [API Keys] 메뉴로 들어가면 자신의 API 키를 확인할 수 있다. ChatGPT를 이용할 때 가입하였을 것이므로 자신의 API를 볼 수 있다. API 키가 보이면 해당 API 키를 복사하여 가지고 온다. 만약 API 키가 없으면 [+ Create new secret key]에서 새로운 키를 생성한 후 복사한다.

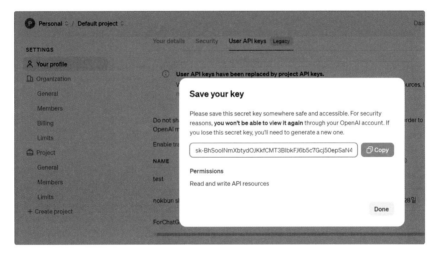

▲ OpenAI에서 API 키 발급받기(복사하기)

❷ API를 위해 결제하기

GPT의 기능을 다른 곳에서 사용하기 위해서는 '결제' 과정이 필수적이다. 현재 최신 버전의 GPT는 제한 횟수로 대화가 가능하며 더 낮은 버전에서는 지속적으로 사용이 가능하다. 하지만 외부에서 GPT를 불러와 사용하는 API의 경우에는 '결제'를 필수적으로 요한다.

우측 상단의 본인 계정을 클릭하여 [Profile]에서 [Billing]으로 접속해 현재 요금이 얼마인지 확인한다. 만약 없을 경우 하단의 'Add to credit balance'를 이용하여 결제해야 한다. 만약 결제를 처음 한다면 [Payment methods]에서 결제 카드를 등록하는 절차도 필요하다. 최소 금액인 5$를 충전하여 보자.

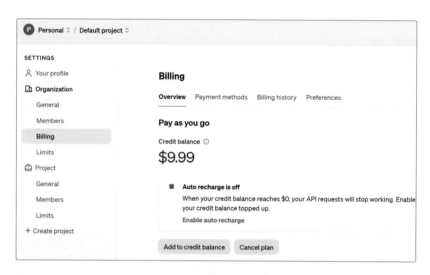

▲ API 사용을 위한 결제

2 구글 앱스스크립트로 ChatGPT 스프레드시트 함수 만들기

❶ 구글 스프레드 시트 생성하기

먼저 구글 스프레드시트를 실행하여 보자. 스프레드시트는 https://www.google.com/intl/ko_kr/sheets/about/에서 바로 실행하는 것도 가능하고, 구글 드라이브에서 파일을 생성하는 것도 가능하다.

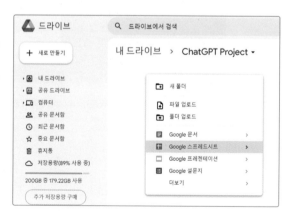

▲ 구글 드라이브에서 스프레드시트 생성하기

❷ 구글 스프레드시트 Apps Script 설정하기

구글 스프레드시트를 만들어 접속했다면 이제 GPT를 사용할 수 있는 소스를 만들어야 한다. 쉽게 만들어진 툴을 부가기능에서 설치할 수 있으나 대부분 유료로 결제해야만 사용할 수 있다. 따라서 API 비용만으로 사용할 수 있는 Apps Script를 사용해보자.

Tip

구글 앱스 스크립트란?

앱 스크립트는 구글 워크스페이스 플랫폼에서 가벼운 어플리케이션을 개발하기 위한 스크립트 언어이다. 구글에서 개발하였으며 구글제품의 추가 기능이나 자동화 기능을 만들기 위해 사용할 수 있다.

▲ [확장 프로그램] – [Apps Script]

▲ Apps Script 초기 화면

3 **App script 소스 코드 짜기**

❶ ChatGPT에서 스프레드시트에서 사용할 수 있는 App Script 소스 코드 생성하기

구글 앱스크립트를 사용하기 위하여 ChatGPT를 이용하여 스크립트를 생성하여 보도록 하자. 인터넷에도 검색하면 전체 소스를 쉽게 얻을 수 있다.

▲ ChatGPT에게 스프레드시트에서 사용할 수 있는 Apps Script 생성 요청하기

❷ 코드 복사하여 수정하기

해당 코드를 Apps Script에 붙여넣고 자신의 API키를 해당 위치에 복사한 후 여러 가지 설정을 수정하여 본다. max_tokens, temperture, model 등을 수정할 수 있다. 상단의 [▷ 실행] 버튼을 클릭해본다. 실행 로그에 '실행이 완료됨'이라고 출력되면 이상이 없는 것이다.

▲ 소스코드 붙여넣고 API 키 조정하기

❸ 오류가 나는 경우 : 수정하기

만약 오류가 나는 경우 지속적으로 ChatGPT와 대화를 시도하여 오류를 고쳐나가 보도록 하자. 어떤 오류가 나왔는지 지속적으로 알리면 코드를 계속 수정하여 준다.

이번엔 아래와 같은 오류가 나왔어.

```
Error: {
  "error": {
    "message": "Invalid value for 'content': expected a string, got null.",
    "type": "invalid_request_error",
    "param": "messages.[1].content",
    "code": null
  }
}
```

오류 메시지 "Invalid value for 'content': expected a string, got null."는 `messages` 배열 내의 `content` 필드가 null 값이 되어 발생하는 문제입니다. 이 오류는 `prompt` 가 null이거나 빈 문자열일 때 발생할 수 있습니다. 이를 방지하려면 `prompt` 가 유효한 값인지 확인하고, 유효하지 않다면 기본 값을 설정하는 방법을 사용할 수 있습니다.

수정된 코드 예제

아래는 `prompt` 값이 유효한지 확인하고, 기본 값을 설정하는 방식으로 오류를 방지하는 Google Apps Script 코드입니다:

```javascript
                                                                    코드 복사

function getChatGPTResponse(prompt) {
  var apiKey = 'YOUR_OPENAI_API_KEY';  // 여기에 OpenAI API 키를 입력하세요
  var url = 'https://api.openai.com/v1/chat/completions';

  if (!prompt || prompt.trim() === "") {
    return "Error: Prompt cannot be null ↓ empty.";
  }
}
```

▲ 오류내용 확인 후 ChatGPT와 함께 고치기

```
파일        A↕ +  � ↷ ⊡  ▷ 실행  ⟲ 디버그  getChatGPTResponse ▼  실행 로그

Code2.gs                7  }
                        8
라이브러리      +       9 ∨  var payload = {
                       10    "model": "gpt-3.5-turbo",
서비스        +       11 ∨    "messages": [
                       12      {"role": "system", "content": "You are a helpful assistant.
                       13      {"role": "user", "content": prompt}
                     ○ 14    ],
                       15    "max_tokens": 150,
                       16    "temperature": 0.7
                       17  };
                       18

                     실행 로그

                     오전 11:43:17 알림    실행이 시작됨
                     오전 11:43:17 알림    실행이 완료됨
```

▲ [▷ 실행] 버튼으로 동작 확인하기

4 구글 스프레드 시트에서 GPT 함수 사용하기

❶ GPT 실행 확인하기

그럼 이제 모든 준비가 끝났고, 바로 실험을 해볼 수 있다. 지금까지는 프롬프트를 생성하기 위해 ChatGPT로 이동했다면, 이제 이 스프레드시트에서 바로 시도해볼 수 있다. 엑셀에서의 수식은 항상 등호(=)로 시작한다. =GPT("프롬프트")처럼 사용하면 바로 ChatGPT의 프롬프트와 똑같은 것을 생성할 수 있다.

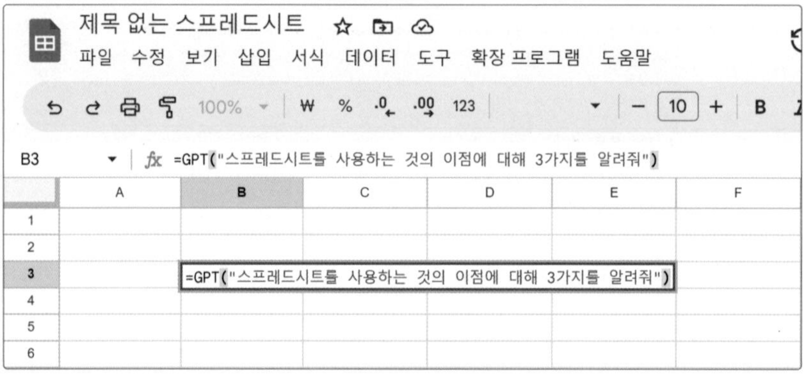

```
제목 없는 스프레드시트  ☆ ▣ ☁
파일  수정  보기  삽입  서식  데이터  도구  확장 프로그램  도움말

↶ ↷ 🖶 ⬚  100% ▼   ₩  %  .0 .00 123   ▼  — [10] +  B

B3      ▼ │ fx =GPT("스프레드시트를 사용하는 것의 이점에 대해 3가지를 알려줘")

        A        B         C         D         E         F
1
2
3          =GPT("스프레드시트를 사용하는 것의 이점에 대해 3가지를 알려줘")
4
5
6
```

▲ 제작한 기본 명령어 사용하기

❷ 추가적인 함수 작성하기

만약 필요한 경우 함수를 추가적으로 작성할 수 있다. GPT에게 요청하여 새로운 함수를 만들어 달라고 해 보자. 그리고 마찬가지라 Apps Script에 넣어 실험해보자.

▲ 필요한 기능 추가하기

▲ 새로 만든 함수 확인하기

스프레드시트 함수를 ChatGPT에게 물어보기

그럼 이제 모든 준비가 끝났다. 구글 스프레드시트에서 간단한 GPT 작업을 해 보도록 하자. 먼저 간단한 함수이지만 합계, 평균, 순위 구하기 등이 있는 Sheet를 확인해 보자.

	A	B	C	D	E	F	G	H
1	번호	이름	국어	수학	사회	합계	평균	순위
2	1	홍길동	85	85	90			
3	2	이황	95	95	100			
4	3	이이	95	95	100			
5	4	허균	100	90	100			
6	5	KingSeJong	100	95	100			

▲ 예제 1 Sheet 1

해당 셀에는 국어, 수학, 사회의 합계가 들어가야 한다. 가장 기본적인 내용이지만, ChatGPT에게 해당 내용을 물어 보자.

 엑셀에서 더하기를 하는 함수를 알려 줘.

 엑셀에서 더하기를 할 때 가장 많이 사용하는 함수는 SUM입니다. 이 함수는 지정한 범위에 있는 숫자들을 모두 더해줍니다. 사용 방법은 다음과 같습니다:

1. 특정 범위를 더할 때

- = SUM(A1:A10)

  A1부터 A10까지의 셀에 있는 모든 값을 더합니다.

2. 여러 개의 개별 셀을 더할 때

- = SUM(A1, B1, C1)

  A1, B1, C1 셀에 있는 값을 모두 더합니다.

3. 단순 계산

셀에 직접 =A1 + B1과 같은 수식을 입력하여 두 셀을 더할 수도 있습니다.

이렇게 다양한 방식으로 더하기 연산을 사용할 수 있습니다.

▲ 프롬프트에 함수 질문하기

해당 함수를 물어 보면 바로 함수에 대한 답이 나오게 된다. 우리는 그중에서 = SUM(A1:A5) 부분을 가져와서 적용하도록 한다. A1:A5는 현재 번호와 이름이 나와 있으므로 우린 C2부터 E2까지를 범위로 지정한다.

F2	fx =SUM(C2:E2)							
	A	B	C	D	E	F	G	H
1	번호	이름	국어	수학	사회	합계	평균	순위
2	1	홍길동	85	85	90	=SUM(C2:E2)		
3	2	이황	95	95	100			
4	3	이이	95	95	100			
5	4	허균	100	90	100			
6	5	KingSeJong	100	95	100			

▲ 함수 적용하기

이후 셀의 오른쪽 아래 부분을 마우스 커서를 가져가고, 커서 모양이 십자(+) 모양으로 변하면 드래그 앤 드롭으로 나머지 셀을 채운다.

F2:F6	fx =SUM(C1:C5)							
	A	B	C	D	E	F	G	H
1	번호	이름	국어	수학	사회	합계	평균	순위
2	1	홍길동	85	85	90	375		
3	2	이황	95	95	100	475		
4	3	이이	95	95	100	390		
5	4	허균	100	90	100	295		
6	5	KingSeJong	100	95	100	200		

▲ 채우기(드래그)하기

이번에는 단순히 수식을 묻는 것이 아니라 C2:E2라는 범위를 지정하여 식을 물어 보도록 하자. 바로 식 자체가 나오므로, 이 식을 복사(Copy code)하여 그대로 붙여 넣는다. 그리고 같은 방식으로 드래그하여 자동으로 채워 넣는다.

 스프레드시트 C2:E2의 평균을 구하는 함수를 만들어 줘.

 엑셀에서 C2:E2 범위의 평균을 구하려면 AVERAGE 함수를 사용할 수 있습니다. 다음과 같이 입력하세요:

```excel
=AVERAGE(C2:E2)
```
코드 복사

이 함수는 C2부터 E2까지 셀의 값들을 모두 더한 후 셀 개수로 나눠 평균을 구합니다.

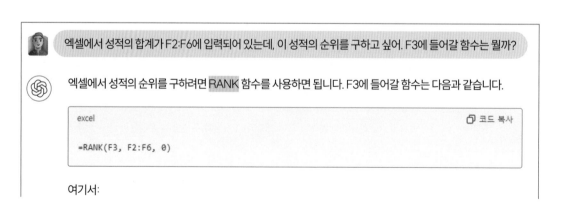

	A	B	C	D	E	F	G	H
1	번호	이름	국어	수학	사회	합계	평균	순위
2	1	홍길동	85	85	90	260	6.6666666	
3	2	이황	95	95	100	290	6.6666666	
4	3	이이	95	95	100	290	6.6666666	
5	4	허균	100	90	100	290	6.6666666	
6	5	KingSeJong	100	95	100	295	8.3333333	

G2:G6 ▾ | fx =AVERAGE(C2:E2)

▲ ChatGPT에게 평균 구하는 함수 물어보고 완성하기

사실 sum이나 average 같은 함수는 기본적이고 괄호 안에 들어갈 인수도 단순한 편이다. 그러나 순위는 조금 다르다. 괄호 안의 인자에는 순위를 구할 전체 범위, 순위를 구할 현재 수, 오름차순과 내림차순 등을 지정해야만 한다. 이번에도 역시 ChatGPT를 이용하여 보자. 하고자 하는 내용과 범위를 지정한 후 구체적으로 명령해 보자.

엑셀에는 절대 참조라는 것이 있다. 절대 참조는 채우기 핸들을 끌어도 수식이 자동으로 변하지 않도록 하는 것이다. RANK 함수에는 전체 범위와 현재 구하고자 하는 순위의 수를 지정하는 부분이 있는데, 전체 범위는 채우기 핸들을 끌어도 변하지 않아야 한다. GPT에서 식을 추천 받은 후 식 안에 범위에서 F4 키를 눌러 절대 참조까지 적용해 완성하여 보자.

엑셀에서 성적의 합계가 F2:F6에 입력되어 있는데, 이 성적의 순위를 구하고 싶어. F3에 들어갈 함수는 뭘까?

엑셀에서 성적의 순위를 구하려면 RANK 함수를 사용하면 됩니다. F3에 들어갈 함수는 다음과 같습니다.

```excel
=RANK(F3, F2:F6, 0)
```
코드 복사

여기서:

- F3는 순위를 구하려는 셀입니다.
- F2 : F6는 순위를 계산할 전체 범위입니다.
- 0은 내림차순으로 순위를 매기라는 의미입니다. 만약 오름차순 순위를 원한다면 1로 설정합니다.

이 함수를 F3에 입력한 후, 필요한 범위에 복사하면 각 성적의 순위를 확인할 수 있습니다.

H2		▼	*fx*	=RANK(F2,F2:F6,0)						
	A	B	C	D	E	F	G	H	I	J
1	번호	이름	국어	수학	사회	합계	평균	H2:H6		
2	1	홍길동	85	85	90	260	6.6666666	5		
3	2	이황	95	95	100	290	6.6666666	2	=RANK(F2,$F$2:$F$6,0)	
4	3	이이	95	95	100	290	6.6666666	2		
5	4	허균	100	90	100	290	6.6666666	2	✓ ✕	제안 세부정보
6	5	KingSeJong	100	95	100	295	8.3333333	1		

▲ 순위 구하는 함수 물어보기

Tip

잘 쓴 프롬프트의 예시가 궁금하다면 AIPRM

만약 프롬프트를 제대로 쓰는 것이 어려울 때는 크롬의 확장 프로그램인 'AIPRM'을 사용할 수 있다. 크롬 웹 스토어에서 이를 검색하여 설치하면 각 상황에 맞는 프롬프트는 물론 엑셀, 스프레드시트에서만 사용하는 프롬프트도 가지고 있다.

3 확장 프로그램을 사용하여 GPT 사용하기

❶ 구글 스프레드시트 GPT 확장 프로그램 설치하기

비용을 지불하고 가장 편하게 GPT를 사용하는 방법은 확장 프로그램을 설치하여 사용하는 것이다. 메뉴에서 [확장 프로그램] – [부가기능] – [부가기능 설치]하기로 접속한다.

[부가기능 설치하기]에서는 스프레드시트라는 기본 틀 위에 다양한 기능을 구현한 확장 프로그램들이 준비되어 있다. 여기에서 'GPT'를 검색하면, 'GPT for Sheets™ and Docs'라는 프로그램을 찾을 수 있다. 해당 프로그램을 설치하도록 한다. [설치] 버튼을 누르면 설치 권한을 요청하고, [계속] 버튼을 누르면 계정 선택을 하게 된다.

설치하게 되면 가장 먼저 결제 창이 뜨므로 필요한 경우 결제를 하면 된다. 사용량에 비해 가격은 비싸지 않으나 결국에는 API 키가 필요하므로 이중으로 지불해야 하는 것이 단점이다.

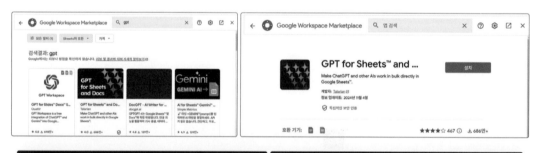

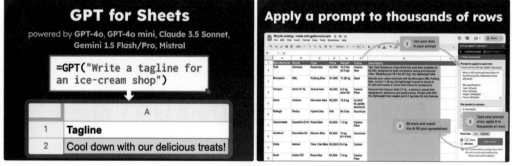

▲ 다양한 확장 함수를 지원한다.

GPT Add-on의 경우에는 GPT 함수를 이용하여 ChatGPT와 같은 기능을 지원한다. 몇 가지의 함수에 따라 다른 내용을 만들어 낼 수 있다. 먼저 GPT_FILL의 기능을 써 보자. 기존의 규칙을 학습해서 나머지도 채우도록 만들어 보자. 우선 다음과 같은 원본이 있을 때, 이메일을 추출하기 위해서 2개의 셀을 수동으로 채워 두었다.

▲ 이름과 이메일 예시

그리고 나서 B4 셀에 GPT_FILL을 이용해서 다음과 같이 입력한다. 그러면 잠시 Loading.. 후에 나머지 이메일도 채워지게 된다. 첫 번째 인자는 기본 규칙, 두 번째 인자는 채울 곳을 의미한다.

▲ GPT_FILL로 규칙에 따라 채우기

GPT_FILL은 ChatGPT처럼 지능적인 일을 수행하는 것도 가능하다. 기존의 규칙을 학습해 요소를 찾거나 나머지 빈 부분을 채워 넣기도 한다. 다음과 같이 나만의 규칙을 만들어 채우면 나머지 부분도 다 채워 준다.

8	Fruit	Color
9	strawberry	red
10	banana	yellow
11	apple	=gpt_fill(A9:B10,A11:A14)
12	melon	
13	pineapple	
14	kiwi	

8	Fruit	Color
9	strawberry	red
10	banana	yellow
11	apple	green
12	melon	green
13	pineapple	brown/yellow
14	kiwi	brown/green

▲ 속성을 추론하여 채우기

Fill과 같은 다른 명령어 없이 그냥 프롬프트로 사용하는 것도 가능하다. GPT(질문)와 같이 사용하면 반응을 바로 돌려주며, 결과를 얻을 수 있다.

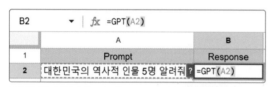

B2	▼	ƒx	=GPT(A2)	
	A			B
1	Prompt			Response
2	대한민국의 역사적 인물 5명 알려줘		=GPT(A2)	

1	Prompt	Response
2	대한민국의 역사적 인물 5명 알려줘	1. 이순신 - 조선시대의 장군으로, 일본과의 전쟁에서 대승을 거둔 인물로 유명하다. 2. 윤보선 - 대한민국 임시정부의 대통령으로, 대한민국의 건국과 민주주의 발전에 큰 역할을 한 인물이다. 3. 박정희 - 대한민국의 제5대 대통령으로, 경제 발전과 국방력 강화를 추진하였으나, 독재적인 통치로 비판을 받기도 ... 4. 김구 - 대한민국 임시정부의 대통령으로, 일제 강점기에 독립운동을 주도하였으며, 대한민국의 건국과 민주주의 발전... 5. 박근혜 - 대한민국의 제18대 대통령으로, 여성으로서는 대한민국 역사상 처음으로 대통령에 취임하였으며, 정치적인...

▲ 셀 지정하여 프롬프트로 사용하기

Tip

Connection timed out 에러가 나올 때는?

시기에 따라 connection timed out 으로 메시지가 뜨며 동작하지 않을 수 있다. 유료 API를 사용하거나 사람이 많이 사용하지 않는 시간에 사용하는 것이 좋다.

또는 GPT(prompt, value, temperature, max_tokens, model)에서 기본값 100으로 되어 있는 max_token을 낮추거나 예측 가능 정도를 말하는 temperature(기본값 0.7)를 낮추는 경우 조금 더 빠르게 결과를 얻는 경우가 종종 있다.

이번에는 태그를 생성하여 보자. 쇼핑몰을 만들 때 온도에 따른 옷차림을 추천하고, 이에 대한 태그를 추천하여 태그를 생성, 검색할 수 있도록 검색어를 만들어 보자. 먼저 온도에 따라서 옷차림에 대한 설명을 추가해 보자.

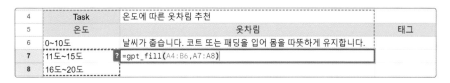

4	Task	온도에 따른 옷차림 추천	
5	온도	옷차림	태그
6	0~10도	날씨가 춥습니다. 코트 또는 패딩을 입어 몸을 따뜻하게 유지합니다.	
7	11도~15도	? =gpt_fill(A4:B6,A7:A8)	
8	16도~20도		

▲ 온도에 따른 옷 추천 예시

이제 태그를 만들어 보자. Task 부분에 작업 지시를 다르게 내려 보자.

4	Task	글 속에 있는 텍스트에서 옷차림에 관한 5개의 태그 검색어를 만들어서	콤마로 구분해줘.
5	온도	옷차림	태그
6	0~10도	날씨가 춥습니다. 코트 또는 패딩을 입어 몸을 따뜻하게 유지합니다.	? =GPT(A4:B5,B6:B8)
7	11도~15도	날씨가 쌀쌀합니다. 가벼운 니트나 자켓을 입어서 따뜻하게 입니다.	
8	16도~20도	날씨가 쾌적합니다. 가벼운 아우터나 가디건을 입어서 적당히 입니다.	

4	Task	글 속에 있는 텍스트에서 옷차림에 관한 5개의 태그 검색어를 만들어서 콤마로 구분해줘.	
5	온도	옷차림	태그
6	0~10도	날씨가 춥습니다. 코트 또는 패딩을 입어 몸을 따뜻하게 유지합니다.	코트, 패딩, 니트 자켓, 가디건
7	11도~15도	날씨가 쌀쌀합니다. 가벼운 니트나 자켓을 입어서 따뜻하게 입니다.	
8	16도~20도	날씨가 쾌적합니다. 가벼운 아우터나 가디건을 입어서 적당히 입니다.	

▲ 예시로 학습하여 태그 만들기

이와 같이 GPT를 이용하면 엑셀에서의 작업을 편리하게 처리할 수 있다. 어려운 함수를 써야 하는 것을 묻거나 GPT를 이용하여 작업 지시를 하면 편리하게 작업을 완료할 수 있다.

Tip

스프레드시트에서 번역 기능 사용하기

스프레드시트에는 =GOOGLETRANSLATE(A2,"ko", "en")이라는 바로 번역 함수가 있다. 이 함수를 사용하면 바로 구글 번역기를 돌린 결과를 생성할 수 있다. 그래서 먼저 영어로 GPT를 생성한 후 바로 한글로 번역하여 사용하는 것도 가능하다.

4 확장하기: 엑셀에서 ChatGPT 사용

구글 스프레드시트 말고도 마이크로소프트 오피스(Office)에서도 이를 사용할 수 있다. 기존에는 스크립트 언어를 추가하여 사용했으나, 이제 기본적으로 사용할 수 있는 버튼이 추가되었다. 엑셀에서는 다음과 같은 작업이 가능하다.

Tip

VB 스크립트로 GPT 기능 사용하기

아직 코파일럿(Copilot)을 지원하는 버전 이전의 사용자라면 엑셀에서 VB 스크립트를 입력하여 GPT 기능을 사용할 수 있다. 엑셀의 기본 리본 메뉴에서 우클릭하여 [리본 메뉴 사용자 지정]으로 이동하여 [개발 도구]를 체크하여 개발 도구를 추가하고, 개발도구에서 'Visual Basic'을 선택한 후 모듈을 삽입하여 인터넷에 있는 코드를 작성하여 삽입하면 된다. 해당 코드는 인터넷에서 '엑셀 GPT 사용'으로 검색하면 바로 찾을 수 있으며 사용 방법은 스프레드시트의 GPT와 동일하다.

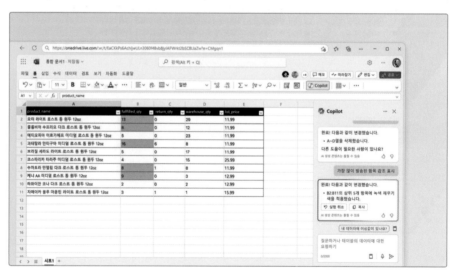

▲ 출처: Microsoft 홈페이지

ChatGPT를 이용하여 업무 자동화하기

스프레드시트의 장점은 참조 기능이다. 만약 A1+A2를 더해 A3에 출력되도록 함수를 정했을 때, A1의 값을 바꾸면 A3는 자동으로 변하게 된다. GPT 함수도 마찬가지이다. 만약 내가 자주 쓰는 기능이 있다면 이를 함수화해 두면 편리하다.

예를 들어, A1에는 메일의 핵심을 써 두고, A2에는 GPT의 프롬프트를 정교하게 이용하여 자동으로 메일이 생성되도록 만들어 두면, 내용을 편리하게 작성할 수 있을 것이다.

스프레드시트의 역사

구글 스프레드시트는 최근 우리에게 무척 익숙해진 프로그램 중 하나이다. 그 전에는 엑셀이 그와 비슷한 프로그램의 지위를 차지했었다. 엑셀의 시대가 지났고 스프레드시트의 시대가 온 것일까? 사실 스프레드시트는 구글이 개발한 특정 프로그램의 이름이 아니라 메모장(notepad), 계산기(calculator), 그림판(painter)과 같은 프로그램의 한 종류이다.

스프레드시트(Spreadsheet)는 가로와 세로로 구성된 표를 사용하여 데이터를 정리, 분석, 계산하는 프로그램이다. 업무뿐 아니라 교육, 연구에서도 활발하게 사용되며 데이터 처리와 분석에 필수적인 도구로 인식되고 있다. 그동안 다양한 스프레드시트 프로그램이 출시되어 많은 프로그래머와 데이터 과학자로부터 사랑받아왔다.

■ **애플 비지칼크**(VisiCalc, 1979년):

댄 브리클린(Dan Bricklin)과 밥 프랭스턴(Bob Frankston)이 개발한 최초의 스프레드시트 프로그램이다. 비지칼크는 애플 II 컴퓨터에서 처음 실행되었으며, 사용자가 데이터를 입력하면 결과를 실시간으로 계산해주는 기능을 제공했다. 이러한 편리성 덕분에 비지칼크는 컴퓨터 시장에서 큰 인기를 얻었고, 개인용 컴퓨터의 보급을 가속화하는 데 기여했다.

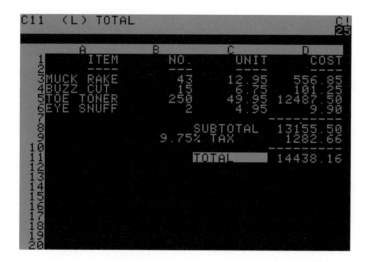

- **마이크로소프트 엑셀**(Excel, 1985년):

마이크로소프트에서 개발한 프로그램으로, 초기에는 맥킨토시용으로 출시되었고 이후 윈도우용으로도 개발되었다. 엑셀은 사용자 친화적인 인터페이스와 강력한 계산 및 그래픽 기능, 그리고 매크로 프로그래밍 언어인 VBA(Visual Basic for Applications)를 지원하는 등 다양한 기능을 제공하며, 수많은 사람이 사용하게 되었다.

- **구글 스프레드시트**(2006년):

구글이 개발한 온라인 기반의 스프레드시트 프로그램이다. 이 프로그램은 인터넷 연결이 가능하면 어디서든 사용할 수 있으며, 여러 사용자가 동시에 협업하면서 작업할 수 있는 기능을 제공한다. 또한, 구글 드라이브와 통합되어 있어 문서 관리와 파일 공유가 간편하고 여러 플랫폼에서 동시에 접속 할 수 있다.

- **애플 넘버스**(2007년):

애플에서 개발한 프로그램으로 애플의 아이워크(iWork) 패키지에 포함되어 있으며, 맥(Mac), 아이패드(iPad) 및 아이폰(iPhone)에서 사용할 수 있다. 넘버스(Numbers)는 사용자들이 쉽게 사용할 수 있도록 인터페이스가 편리한 것으로 유명하며, 그래픽 및 데이터 시각화 기능을 제공한다. 또한, 아이클라우드(iCloud)를 통해 애플 기기 간의 공유와 동기화를 쉽게 할 수 있도록 지원한다.

SPREADSHEETS

RSS를 적극적으로 이용하면 최신 뉴스와 업데이트를 사용자가 직접 살펴볼 수 있다. 마치 관심 있는 모든 뉴스와 정보를 관리하고 한 곳에서 전달하는 개인 비서가 있는 것처럼 말이다. ChatGPT로 뉴스 수집봇을 만들어 개인적인 관심사나 연구 분야의 정보를 구독하는 방법을 Chapter 10에서 확인하자.

ChatGPT로
나만의 채팅 서버
만들기

CHAPTER

10

1 개요

카카오톡, 라인과 같은 메신저 프로그램에서도 서로 메시지를 주고 받을 수 있지만 인스타그램, 페이스북과 같은 SNS를 통해서도 서로 메시지를 주고 받을 수 있게 되었다. 이렇게 메시지를 주고받을 수 있는 환경을 채팅 서버라고 부른다. 인터넷이 발달하면서 다양한 채팅 플랫폼이 등장했지만, 나만의 채팅 서버를 만들고 싶다면 어떻게 해야 할까? 이번 챕터에서는 ChatGPT를 활용하여 나만의 채팅 서버를 만드는 방법을 알아보도록 하자.

채팅 서버는 사용자가 실시간으로 메시지를 주고받을 수 있도록 해주는 서버이다. 이를 위해서는 서버와 클라이언트 간의 실시간 통신이 필요하다. 일반적으로 웹 소켓(WebSocket)을 이용하여 실시간 통신을 구현한다. 웹 소켓은 HTTP와는 다르게 지속적인 연결을 유지하여 데이터를 주고받을 수 있는 프로토콜이다.

채팅 서버는 여러 가지 구성 요소로 이루어져 있으며, 이 구성 요소들은 서로 상호작용하여 실시간으로 메시지를 주고받는 기능을 제공한다. 채팅 서버의 기본 구성 요소는 다음과 같다.

클라이언트(Client)

클라이언트는 사용자가 채팅 애플리케이션을 사용하는 브라우저나 앱을 의미한다. 클라이언트는 채팅 서버와 실시간으로 통신하기 위해 웹 소켓(WebSocket)을 사용한다. 클라이언트는 메시지를 입력하고, 다른 사용자의 메시지를 화면에 표시하는 사용자 인터페이스(UI)를 제공한다.

웹 서버(Web Server)

웹 서버는 클라이언트에게 필요한 HTML, CSS, JavaScript 파일을 제공하는 역할을 한다. 이 파일들은 클라이언트 측에서 실행되어 사용자 인터페이스를 구성하고, 웹 소켓을 통해 채팅 서버와 통신하게 된다.

웹 소켓 서버(WebSocket Server)

웹 소켓 서버는 클라이언트와 실시간 통신을 처리하는 핵심 요소이다. 클라이언트가 웹 소켓을 통해 서버에 연결되면, 웹 소켓 서버는 클라이언트의 연결을 관리하고 메시지를 주고받는다. 웹 소켓 서버는 일반적으로 Node.js와 같은 서버 기술을 사용하여 구현된다.

데이터베이스(Database)

데이터베이스는 채팅 기록, 사용자 정보, 채팅 방 정보를 저장하는 역할을 한다. 데이터베이스는 사용자가 나중에 접속했을 때 이전 대화를 확인할 수 있게 하거나, 채팅 방의 설정을 저장하는데 사용된다. MongoDB, MySQL, PostgreSQL 등 다양한 데이터베이스 시스템을 사용할 수 있다.

서버 로직(Server Logic)

서버 로직은 채팅 서버의 동작 방식을 결정하는 부분이다. 여기에는 사용자 인증, 메시지 브로드캐스팅(모든 사용자에게 메시지 전송), 채팅 방 관리, 사용자 상태 관리 등이 포함된다. 서버 로직은 웹 소켓 서버와 데이터베이스 사이에서 중개 역할을 하며, 클라이언트의 요청을 처리하고 응답을 반환한다.

채팅 서버의 동작 과정

채팅 서버의 동작 과정을 단계별로 설명하면 다음과 같다.

❶ **클라이언트 연결**: 사용자가 브라우저나 애플리케이션에서 채팅 애플리케이션에 접속하면, 웹 서버는 클라이언트에게 필요한 HTML, CSS, JavaScript 파일을 제공한다.

❷ **웹 소켓 연결**: 클라이언트 측 JavaScript는 웹 소켓을 통해 웹 소켓 서버에 연결을 시도한다. 연결이 성공하면, 클라이언트는 서버와의 실시간 통신을 시작한다.

❸ **메시지 송수신**: 사용자가 메시지를 입력하고 전송 버튼을 누르면, 클라이언트는 웹 소켓을 통해 서버에 메시지를 전송한다. 웹 소켓 서버는 이 메시지를 받아서 다른 연결된 클라이언트들에게 전송한다.

❹ **메시지 저장**: 웹 소켓 서버는 받은 메시지를 데이터베이스에 저장한다. 이를 통해 사용자가 나중에 접속했을 때 이전 메시지를 확인할 수 있다.

⑤ 사용자 관리: 서버는 접속한 사용자들을 관리하며, 새로운 사용자가 접속하거나 기존 사용자가 접속을 종료할 때 이를 다른 클라이언트에게 알린다. 이는 사용자 목록을 갱신하거나 시스템 메시지를 통해 다른 사용자들에게 알리는 방식으로 이루어진다.

⑥ 채팅 방 관리: 서버는 여러 개의 채팅 방을 관리할 수 있다. 사용자는 특정 채팅 방에 들어가거나 새로운 채팅 방을 만들 수 있다. 서버는 각 채팅 방에 대한 메시지를 별도로 관리하며, 사용자가 선택한 채팅 방에 따라 메시지를 송수신한다.

이렇게 채팅 서버는 여러 구성 요소들이 서로 협력하여 실시간으로 메시지를 주고받을 수 있도록 동작한다. 이를 통해 우리는 편리하게 실시간 채팅을 즐길 수 있다. 채팅 서버는 일반적으로 웹 소켓(WebSocket)을 이용하여 실시간 통신을 구현한다. 웹 소켓은 HTTP와는 다르게 지속적인 연결을 유지하여 데이터를 주고받을 수 있는 프로토콜이다.

서버 및 클라이언트 코드 작성

이제 Node.js와 Express를 사용하여 채팅 서버를 구축하는 방법을 알아보자. Node.js와 Express는 JavaScript 기반 서버를 구축하는 데 유용한 도구이다. ChatGPT에게 설치 방법을 물어보자. 8장에서 소개한 repl.it 환경에서 개발을 하고자 하므로, repl.it에서 개발한다는 질문도 함께 한다. 다른 웹 프로그래밍 플랫폼을 사용할 경우 그 웹 프로그래밍 플랫폼의 이름으로 바꾸어 질문을 해도 좋다.

 구글 스프레드시트에서 RSS 주소를 이용해서 뉴스를 보여주는 함수를 알려 줘.

 Repl.it에서 Node.js와 Express를 설치하려면 다음 단계를 따르세요.

1. 새 프로젝트 생성

Repl.it에 로그인하고 "Create Repl"을 클릭합니다.

"Node.js"를 선택한 후 [Create Repl] 버튼을 클릭합니다.

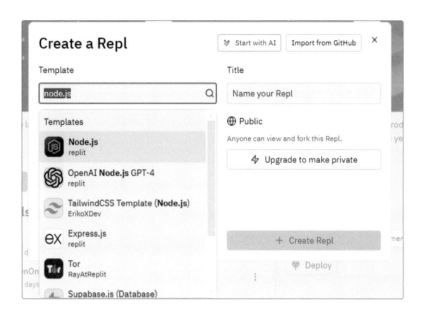

2. 패키지 설치

Repl.it이 Node.js 프로젝트 환경을 설정하면, package.json 파일을 열어야 합니다. 이 파일은 프로젝트의 의존성을 관리하는 파일입니다.

package.json 파일에 Express를 추가하려면 터미널을 사용하거나 package.json 파일을 직접 편집할 수 있습니다.

3. 터미널을 사용하여 Express 설치

Repl.it의 우측 상단에서 "Shell" 아이콘을 클릭하여 터미널을 엽니다.
터미널에서 다음 명령을 실행하여 Express를 설치합니다:

```bash
npm install express
```

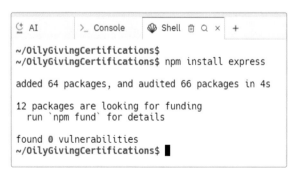

4. package.json 파일 수정

터미널에서 npm install express 명령을 실행하면 package.json 파일에 Express가 자동으로 추가됩니다.

수동으로 package.json 파일에 추가하고 싶다면, 파일을 열고 "dependencies" 섹션에 다음을 추가합니다:

```json
"dependencies": {
  "express": "^4.19.2"
}
```

```
1   {
2     "name": "nodejs",
3     "version": "1.0.0",
4     "description": "",
5     "main": "index.js",
6     "scripts": {
7       "test": "echo \"Error: no test specified\" && exit 1"
8     },
9     "keywords": [],
10    "author": "",
11    "license": "ISC",
12    "dependencies": {
13      "@types/node": "^18.0.6",
14      "express": "^4.19.2"
15    }
16  }
17
```

5. 기본 서버 설정

index.js 파일을 열고 다음 기본 Express 서버 코드를 작성합니다.

```javascript
const express = require('express');
const app = express();
const port = 3000;

app.get('/', (req, res) => {
  res.send('Hello World!');
});

app.listen(port, () => {
  console.log(`Example app listening at http://localhost:${port}`);
});
```

```
Search                          index.js  ×   ≡ package.json    +
∨ Files                         index.js > ...
                                1   const express = require('express');
 index.js                       2   const app = express();
                                3   const port = 3000;
Packager files                  4
≡ package.json                  5   app.get('/', (req, res) => {
                                6     res.send('Hello World!');
                                7   });
                                8
                                9   app.listen(port, () => {
                                10    console.log(`Example app listening at http://localhost:${port}`);
                                11  });
```

6. 서버 실행

Repl.it 상단의 [Run] 버튼을 클릭하면 서버가 실행됩니다.

오른쪽 창에 표시된 URL을 클릭하여 서버가 제대로 작동하는지 확인합니다.

이 과정을 통해 Repl.it에서 Node.js와 Express를 설치하고 기본 서버를 설정할 수 있습니다.

간단한 채팅 서버를 구현하는 Node.js와 Express 코드를 작성해 줘.

 간단한 채팅 서버를 구현하기 위해 Node.js와 Express, 그리고 Socket.io를 사용할 수 있습니다. Socket.io
는 실시간 양방향 이벤트 기반 통신을 가능하게 해주는 라이브러리입니다. 다음은 Repl.it에서 실행할 수 있는
간단한 채팅 서버 코드입니다.

1. 프로젝트 설정

Repl.it에서 새로운 Node.js 프로젝트를 생성합니다.

터미널을 열고 다음 명령어를 입력하여 Express와 Socket.io를 설치합니다.

```bash
npm install express socket.io
```
코드 복사

2. 서버 코드 작성

index.js 파일에 다음 코드를 작성합니다.

```javascript
const express = require('express');
const http = require('http');
const socketIo = require('socket.io');

const app = express();
const server = http.createServer(app);
const io = socketIo(server);

const port = process.env.PORT || 3000;

app.get('/', (req, res) => {
  res.sendFile(__dirname + '/index.html');
});

io.on('connection', (socket) => {
  console.log('a user connected');

  socket.on('disconnect', () => {
    console.log('user disconnected');
  });

  socket.on('chat message', (msg) => {
    io.emit('chat message', msg);
  });
});

server.listen(port, () => {
  console.log(`Server listening at http://localhost:${port}`);
});
npm install express socket.io
```

3. 클라이언트 코드 작성

프로젝트 루트 디렉토리에 index.html 파일을 생성하고 다음 코드를 작성합니다.

```
html                                                       □ 코드 복사
```

```
<!DOCTYPE html>
<!DOCTYPE html>
<html>
<head>
  <title>Chat</title>
  <style>
    ul { list-style-type: none; margin: 0; padding: 0; }
    li { padding: 8px; margin-bottom: 10px; background-color: #f3f3f3; }
    input { padding: 10px; width: calc(100% - 22px); margin-top: 10px; }
  </style>
</head>
<body>
  <ul id="messages"></ul>
  <form id="form" action="">
    <input id="input" autocomplete="off" /><button>Send</button>
  </form>

  <script src="/socket.io/socket.io.js"></script>
  <script>
    var socket = io();
    var form = document.getElementById('form');
    var input = document.getElementById('input');

    form.addEventListener('submit', function(e) {
      e.preventDefault();
      if (input.value) {
        socket.emit('chat message', input.value);
        input.value = '';
      }
    });

    socket.on('chat message', function(msg) {
      var item = document.createElement('li');
      item.textContent = msg;
      document.getElementById('messages').appendChild(item);
      window.scrollTo(0, document.body.scrollHeight);
```

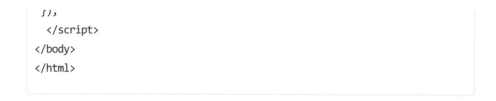

```
    });
  </script>
</body>
</html>
```

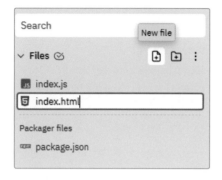

4. 서버 실행

Repl.it에서 [Run] 버튼을 클릭하여 서버를 실행합니다.
오른쪽 창에 표시된 URL을 클릭하면 채팅 애플리케이션이 열립니다.
이제 브라우저에서 채팅 애플리케이션을 테스트할 수 있습니다. 여러 브라우저 창을 열어 채팅 메시지를 서로
주고받을 수 있습니다.

다음과 같이 repl.it의 Webview에서 채팅 페이지가 작동하는 것을 확인할 수 있다.

replit.dev를 클릭하면 주소를 확인할 수 있으며, 이 주소를 이용해서 웹 브라우저에 접속하면 정상적으로 채팅 페이지가 나오는 것을 확인할 수 있다.

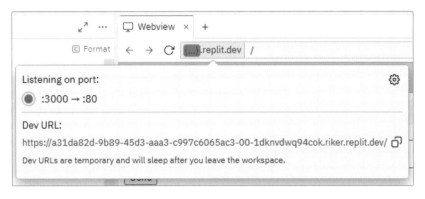

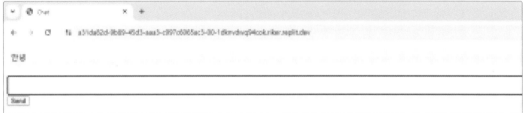

 확장하기: 사용자가 닉네임을 설정할 수 있게 채팅 서버 확장

직접 만든 채팅 서버에 사용자 관리와 채팅 기록 저장 기능을 추가해 보자. 이를 위해 필요한 질문들을 ChatGPT에게 물어 보자.

1 사용자 닉네임 설정

사용자가 닉네임을 설정할 수 있도록 기능을 확장해 보자.

 사용자가 닉네임을 설정할 수 있는 서버 코드를 작성해 줘.

※주의: 기존에 작업하던 내용이 남아 있는 상태에서 위와 같이 질문할 것

사용자가 닉네임을 설정할 수 있도록 채팅 서버를 확장해보겠습니다. 이를 위해 사용자 연결 시 닉네임을 설정하고, 메시지와 함께 닉네임을 전송하도록 합니다.

1. 서버 코드 작성

index.js 파일에 다음 코드를 작성합니다.

```javascript
const express = require('express');
const http = require('http');
const socketIo = require('socket.io');

const app = express();
const server = http.createServer(app);
const io = socketIo(server);

const port = process.env.PORT || 3000;

app.get('/', (req, res) => {
  res.sendFile(__dirname + '/index.html');
});

io.on('connection', (socket) => {
  let userNickname = 'Anonymous';
  console.log('a user connected');

  socket.on('disconnect', () => {
    console.log('user disconnected');
  });
  socket.on('set nickname', (nickname) => {
    userNickname = nickname;
    console.log(`User set nickname to ${nickname}`);
  });
  socket.on('chat message', (msg) => {
    io.emit('chat message', { nickname: userNickname, message: msg });
  });
```

```
});

server.listen(port, () => {
  console.log(`Server listening at http://localhost:${port}`);
});
```

2. 클라이언트 코드 작성

프로젝트 루트 디렉토리에 index.html 파일을 생성하고 다음 코드를 작성합니다

```html
html                                                        📋 코드 복사
<!DOCTYPE html>
<html>
<head>
  <title>Chat</title>
  <style>
    ul { list-style-type: none; margin: 0; padding: 0; }
    li { padding: 8px; margin-bottom: 10px; background-color: #f3f3f3; }
    input { padding: 10px; width: calc(100% - 22px); margin-top: 10px; }
  </style>
</head>
<body>
  <ul id="messages"></ul>
  <form id="form" action="">
      <input id="input" autocomplete="off" placeholder="Type a message..."
/><button>Send</button>
  </form>
  <input id="nickname" autocomplete="off" placeholder="Set your nickname..."
/>
  <button onclick="setNickname()">Set Nickname</button>

  <script src="/socket.io/socket.io.js"></script>
  <script>
    var socket = io();
    var form = document.getElementById('form');

    var input = document.getElementById('input');
    var nicknameInput = document.getElementById('nickname');
```

```
        form.addEventListener('submit', function(e) {
          e.preventDefault();
          if (input.value) {
            socket.emit('chat message', input.value);
            input.value = '';
          }
        });

        function setNickname() {
          var nickname = nicknameInput.value;
          if (nickname) {
            socket.emit('set nickname', nickname);
          }
        }

        socket.on('chat message', function(data) {
          var item = document.createElement('li');
          item.textContent = data.nickname + ': ' + data.message;
          document.getElementById('messages').appendChild(item);
          window.scrollTo(0, document.body.scrollHeight);
        });
      </script>
    </body>
    </html>
```

3. 서버 실행

Repl.it에서 [Run] 버튼을 클릭하여 서버를 실행합니다.

오른쪽 창에 표시된 URL을 클릭하면 채팅 애플리케이션이 열립니다.

이제 사용자는 채팅 애플리케이션에서 닉네임을 설정할 수 있으며, 설정된 닉네임과 함께 메시지를 전송할 수 있습니다.

◁» ⃞ 👍 👎 ⟲∨

이렇게 repl 환경에서 Node.js와 Express를 이용하여 나만의 채팅 서버를 만드는 방법을 알아보았다. 웹 소켓을 활용한 실시간 통신, 사용자 관리, 채팅 기록 저장 등 다양한 기능을 추가하여 채팅 서버를 확장할 수 있었다. ChatGPT와 함께라면 이러한 개발 과정을 쉽게 따라할 수 있을 것이다.

Tip

GPT와 함께 도전하기

1. 기본 기능 확장

- **메시지 기록 저장**: 채팅 메시지를 파일 또는 데이터베이스에 저장하여 기록을 남기고, 사용자가 채팅 방에 들어올 때 이전 메시지를 보여주도록 개선해 보세요.

- **사용자 목록 표시**: 현재 채팅 방에 있는 사용자의 목록을 표시해 보세요.

2. 고급 기능 추가

- **이미지 및 파일 전송**: 사용자들이 이미지를 포함한 파일을 전송할 수 있게 해 보세요

- **읽음 표시 기능**: 메시지가 읽혔는지 여부를 표시해 보세요.

3. 사용자 관리 기능 개선

- **채팅방 관리자 기능**: 채팅방의 관리자가 다른 사용자를 강퇴하거나 메시지를 삭제할 수 있는 기능을 추가해 보세요.

- **실시간 알림**: 웹 푸시 알림을 사용하여 새로운 메시지가 도착했을 때 사용자에게 알림을 보내 보세요.

이제 ChatGPT에게 좀 더 상상력을 담아 질문을 해보자. 이러한 질문들을 통해 필요한 정보를 얻고, 나만의 채팅 서버를 개선해 보자. ChatGPT는 다양한 프로그래밍 지식과 예제 코드를 제공하여 개발 과정을 도와줄 것이다.

API의 개념과 ChatGPT API

API란 'Application Programming Interface'의 약자로, 프로그램 또는 시스템 간 상호 작용을 위한 인터페이스를 의미한다. 소프트웨어의 내부 동작과 시스템이 다르지만 API를 이용하면 표준화된 방식을 통해 서로 소통할 수 있게 된다. 대표적으로 웹 API가 있다. 웹 API는 웹 서버에서 다른 애플리케이션에 데이터를 요청하고 전송할 수 있는 인터페이스를 제공한다. 예를 들면 맛집 지도에서 '네이버'나 '카카오'의 지도를 띄워 해당 위치에 맛집 위치를 제공하거나 내가 쓴 글을 자동으로 SNS로 전송하는 것, 버스 도착 알림 앱에서 버스 회사에서 제공하는 도착 시간이 계산되어 뜨는 것이 모두 API의 역할이다.

ChatGPT는 API의 기능을 제공한다. 즉, 해당 API 기능을 사용하면 ChatGPT의 기능을 이용한 프로그램을 만들 수 있다는 의미이다. 날씨 정보 앱에서 오늘의 미세먼지 정도를 알려주듯, 특별한 답변을 요구하는 기능을 담은 앱에서 ChatGPT의 도움을 받는 기능을 추가할 수 있다. 다만, API 기능 사용은 유료이며, 대화에 사용된 토큰(Tokens)의 크기에 따라 요금이 부과된다.

현재 ChatGPT의 API를 이용한 기능들이 속속 등장하고 있다. ChatGPT 이전에도 GPT-3을 이용한 서비스들이 많이 있었으나, 최근 등장하는 프로그램들은 훨씬 더 정교해지고 강력해졌다. 업스테이지의 '아숙업(AskUp)'은 카카오톡으로 대화 가능한 챗봇으로 번역 기능 등 다양한 기능을 제공하고 있고, 올거나이즈·자비스앤빌런즈는 연말정산과 세금과 관련된 질문에 1초 내로 맞춤형 답을 제공하는 세무 관련 AI를 제공한다. 뤼튼테크놀로지스는 광고나 채용 공고, 간단한 이메일 등 문장을 대신 완성해 주는 AI 서비스를 출시하게 되었다. 또, 인스타카트라는 식료품 기업은 조리법을 물으면 AI가 식재료를 추천하는 서비스를 선보였다. 기존에는 인공지능 기능을 탑재하기 위하여 다양한 모델을 학습하고 이를 인공지능으로 구현하고자 많은 노력을 기울였던 반면, 이제 인공지능 기능을 탑재하기 위해서 ChatGPT의 API를 이용하는 것만으로도 수준 높은 AI 서비스를 제공할 수 있게 되었다.

ChatGPT의 강력함은 단순히 ChatGPT에서 그치는 것이 아니라 더 많은 인공지능을 가능케 할 것이며 미래에는 더욱 다양한 분야에서 더 다양한 서비스를 만날 수 있게 될 것이다.

Memo

많은 사람들을 불러 모으고 주목하게 하려면 디자인이 필수적이지만 아무나 할 수 없는 일이기도 하다. 디자이너들은 우스갯소리로 힘든 일을 지칭하는 3D 중 하나가 Design이라고 이야기하곤 한다. 누구나 쉽게 디자인을 할 수 있을까? Chapter 11에서 그 해결책을 찾아보자.

ChatGPT로
우리 기관 로고
제작하기

ChatGPT에게 로고 요청하기

디자인은 언제나 쉽지 않은 일이다. 많은 사람들을 불러 모으고 주목하게 하려면 디자인이 필수적이지만 아무나 할 수 없는 일이기도 하다. 배운다고 해서 배우기가 쉽지 않고, 나아질 것인지에 대한 확신이 없는 점 역시 보다 더 어렵게 만드는 이유이다. 디자이너들은 우스갯소리로 힘든 일을 지칭하는 3D 중 하나가 Design이라고 이야기하곤 한다. 누구나 쉽게 디자인을 할 수 있을까?

디자인에는 시각 디자인, 제품 디자인, 환경 디자인 중 여러 가지가 있지만 우리는 그중에서 기관의 '로고'를 만들어 보도록 하자. 로고 역시 기관의 정보와 기관의 의미를 담고 있어야 하지만 어느 정도의 추상성이 인정되는 분야이기도 하므로 이를 ChatGPT에게 부탁해 보자.

ChatGPT에게 로고를 요청하려면 명확하게 로고의 목표를 설명해야 한다. 그냥 로고를 요청하면 ChatGPT가 우리에게 목표를 다시 물어보기도 한다.

 우리 기관은 봉사활동 기관이야. 많은 사람들을 돕고자 하는 기관이지. 우리 기관이 새롭게 센터를 출범하는데 웹 사이트에 넣을 로고가 필요해. svg로 로고를 만들어줘.

 네, 기관의 봉사활동에 대한 의자와 열정이 담긴 로고를 만들어드리겠습니다.

먼저, 로고 디자인을 위해 몇 가지 질문이 있습니다.

1. 기관 이름이 무엇인가요?
2. 로고에 어떤 내용을 담고 싶으신가요? 예를 들어, 기관의 목적, 가치, 미션 등을 담아야 하는지 여부를 알려주세요.
3. 로고의 스타일과 색상을 어떻게 원하시나요?

위 질문에 대한 답변이 있으면 로고 제작에 활용하겠습니다.

◁)) ⎘ 👍 👎 ↻ ⌄

▲ ChatGPT에게 로고 요청하기

우리의 목표를 명확히 하여 다시 로고를 요청하여 보자. 그러나 로고를 그냥 요청할 경우 이미지 파일로 제공하는데, 이미지 파일은 제대로 생성되지 않는 경우도 많으며 나중에 수정하기도 어렵다. 이미지 파일의 종류는 JPG, PNG, GIF 등 다양하나 우리는 SVG 파일을 요청할 것이다. 무수한 점을 찍어 그림을 표현하는 비트맵 방식과 달리 SVG 파일은 벡터 방식으로 점과 점을 연결하여 수학적인 방식으로 그림을 표현한다. 그렇기 때문에 이미지의 크기를 늘이거나 줄여도 손상되지 않는다는 장점이 있다. 복잡한 그림은 컴퓨터에 많은 부담이 생기지만, 로고같이 단순한 형태의 그림에는 SVG 파일이 적절하다. 또 어떤 방식으로 로고를 사용하게 될지 모르기 때문에 로고의 경우 벡터 방식으로 저장하는 것이 안전하다.

▲ 비트맵(Bitmap) 그림 확대

▲ 벡터(Vector) 그림 확대

SVG 파일은 코드의 형태로도 구현이 가능하기 때문에, 텍스트를 주로 생성하는 ChatGPT에게 물어보기 적당하다. ChatGPT가 물어보는 내용을 반영하여 로고를 만들어 보자.

 우리 기관은 봉사활동 기관이야. 많은 사람들을 돕고자 하는 기관이지. 우리 기관이 새롭게 센터를 출범하는데 웹 사이트에 넣을 로고가 필요해. 이미지를 코드로 만들어서 줘.

1. 기관 이름은: SaveTheAllOverTheWorld
2. 로고에는 사람들을 돕는다는 내용이 들어갔으면 좋겠어.
3. 로고의 스타일과 색상은 트렌디한 색으로 해 줘.

아래는 요청하신 SaveTheAllOverTheWorld 봉사활동 기관 로고 이미지를 코드로 만든 예시입니다.

```html
<img src="data:image/svg+xml;utf8, <svg xmlns='http://www.w3.org/2000/svg' viewBox='0 0
400 400'>
  <defs>
    <linearGradient id='gradient' gradientTransform='rotate(45)'>
      <stop offset='0%' stop-color='#FE6B8B' />
      <stop offset='100%' stop-color='#FF8E53' />
    </linearGradient>
    <mask id='mask'>
      <rect x='0' y='0' width='100%' height='100%' fill='white'/>
      <circle cx='200' cy='200' r='160' fill='black'/>
    </mask>
  </defs>
  <rect x='0' y='0' width='100%' height='100%' fill='url(#gradient)' mask='url(#mask)'/>
  <text x='50%' y='50%' dominant-baseline='middle' text-anchor='middle' font-size='80'
font-family='Helvetica Neue' fill='white'>SaveTheAllOverTheWorld</text>
</svg>"/>
```

```html
html                                                    Copy code
<img src="data:image/svg+xml;utf8, <svg xmlns='http://www.w3.org/2000/svg'
  <defs>
    <linearGradient id='gradient' gradientTransform='rotate(45)'>
      <stop offset='0%' stop-color='#FE6B8B' />
      <stop offset='100%' stop-color='#FF8E53' />
    </linearGradient>
    <mask id='mask'>
      <rect x='0' y='0' width='100%' height='100%' fill='white'/>
      <circle cx='200' cy='200' r='160' fill='black'/>
    </mask>
  </defs>
  <rect x='0' y='0' width='100%' height='100%' fill='url(#gradient)' mask='
  <text x='50%' y='50%' dominant-baseline='middle' text-anchor='middle' font
</svg>"/>
```

▲ ChatGPT에게 구체적으로 로고 요청하기

이 로고는 그라데이션을 적용한 뒤 마스크를 이용하여 원 모양으로 자른 후에, "SaveTheAllOverTheWorld"라는 글자를 중앙에 위치시켰습니다. 그라데이션 색상은 트렌디한 색상 중에서도 인기 있는 파스텔 톤으로 선택하였습니다. 디자인은 현재 트렌드에 맞춘 스타일로 제작되어, 봉사활동을 위한 기관임을 쉽게 인지할 수 있도록 하였습니다.

이미지 코드를 웹 페이지에 삽입하면 로고 이미지가 표시됩니다. 해당 코드를 수정하여 로고의 크기, 색상, 폰트 등을 변경하실 수 있습니다.

해당 코드가 완성되었지만 해당 코드는 ⟨div⟩ 로 시작하는 HTML 코드이다. 이 코드는 이미지 파일이 아니므로 SVG 파일을 다시 요청하도록 하자.

 혹시 다른 예쁜 모양으로 svg 로고를 작성 가능할까?

 다른 예쁜 모양으로 svg 로고를 만들어드릴게요. 아래 코드를 사용해주세요. [사례 1]

```
<svg xmlns="http://www.w3.org/2000/svg" viewBox="0 0 400 400">
  <defs>
    <linearGradient id="grad" x1="0%" y1="0%" x2="100%" y2="0%">
      <stop offset="0%" style="stop-color:#69c9d0;stop-opacity:1" />
      <stop offset="100%" style="stop-color:#5d65c9;stop-opacity:1" />
    </linearGradient>
  </defs>
  <rect width="400" height="400" fill="url(#grad)" rx="20" />
  <text x="50%" y="50%" fill="#fff" font-size="70" text-anchor="middle" font-family="Helvetica Neue,Helvetica,Arial,sans-serif" font-weight="bold">SaveTheAllOverTheWorld</text>
  <circle cx="320" cy="100" r="50" fill="#fff" stroke="#69c9d0" stroke-width="10" />
  <path d="M310 100 L350 65 L370 85 L330 125 Z" fill="#69c9d0" />
</svg>
```

```html
<svg viewBox="0 0 400 400" xmlns="http://www.w3.org/2000/svg">
  <defs>
    <linearGradient id="gradient" x1="0%" y1="0%" x2="100%" y2="0%">
      <stop offset="0%" stop-color="#FFB6B9" />
      <stop offset="100%" stop-color="#F68084" />
    </linearGradient>
  </defs>
  <rect x="0" y="0" width="400" height="400" fill="url(#gradient)" />
  <path d="M200,60 L330,190 L200,320 L70,190 Z" fill="white" />
  <text x="50%" y="50%" dominant-baseline="middle" text-anchor="middle" fill="#FFB6B9" f
  <text x="50%" y="60%" dominant-baseline="middle" text-anchor="middle" fill="#F68084" f
</svg>
```

▲ SVG 코드로 로고 요청하기 [사례 2]

로고는 웹사이트에 넣기에 적합한 스타일과 색상을 사용했으며, 라운드된 사각형과 원, 삼각형을 사용하여 다
양한 모양을 표현했습니다. 로고에는 "SaveTheAllOverTheWorld"라는 기관 이름과 봉사활동을 상징하는
삼각형 모양이 들어가 있습니다. 로고를 사용하시면 좋은 선한 일들이 많이 일어나길 기원합니다!

이제 최종적으로 SVG 코드가 완성되었다. 해당 코드를 [Copy code]하여 확인해 보도록 하자.
만약 그림이 마음에 들지 않는다면 해당 부분에서 다시 코드를 요청하거나 여러 가지 스타일을 지
정하여 그리도록 요청하자.

2 SVG 그림 파일 만들기

이제 SVG 코드를 그림으로 변환해 보자. 메모장을 열어 해당 코드를 복사한다.
그런 다음 [다른 이름으로 저장]을 선택하여 파일 형식을 모든 파일(*.*)로 지정한다. 그리고 저장할
때 파일 이름 뒤에 .svg를 붙여 준다.

파일 이름(N):	로고.SVG	
파일 형식(T):	모든 파일	

∧ 폴더 숨기기   인코딩: UTF-8   저장(S)   취소

▲ 메모장에서 다른 이름으로 저장하기

그럼 저장 위치에 최종적으로 그림 파일이 완성된다. 해당 파일을 열어 확인해 보자. 해당 그림을 열면, 로고를 확인할 수 있다.

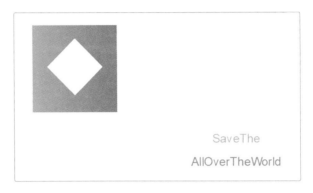

SaveThe

AllOverTheWorld

▲ ChatGpt가 만든 기본 로고 확인

메모장을 이용하면 단순히 어떤 느낌인지 확인할 뿐 제대로 확인할 수 없다. 해당 로고를 수정할 수 있도록 해보자. SVG 파일을 수정하는 프로그램 Adobe의 일러스트레이터(Illustrator)가 가장 유명하다. 무료 편집 중에서는 잉크스케이프(Inkscape)가 많이 쓰이므로 해당 프로그램을 사용할 수 있다면 이를 이용하여 편집하면 된다.

인터넷에는 SVG를 빠르게 편집할 수 있는 온라인 도구들이 많이 있다. 벡터, Method Draw, 얀바스, 벡터페인트, 벡티지 등이 있다. 모두 다 편리하고 다양한 기능을 제공하고 있다. 우리는 https://editor.method.ac/를 이용한다. 로그인 없이 이용할 수 있으며 구글에서 검색하면 쉽게 찾을 수 있다.

웹 사이트에 캔버스가 보이면 왼쪽 상단의 메뉴에서 [File]-[Open SVG]로 해당 파일을 연다.

▲ 무료 인터넷 편집 프로그램에서 파일 열기

이제 각각 오브젝트를 옮길 수 있다. 해당 그림 오브젝트를 선택하여 옮기고, 글꼴 크기 등을 조절해 준다. 오른편의 설정을 이용하면 다양하게 내용을 만들 수 있다.

▲ 로고 정리하기

그림이 완성되면 메뉴에서 [File] – [Save Image]를 이용하여 SVG 파일 그대로 저장하거나 [File] – [Export as PNG]를 이용하여 그림 파일로 저장할 수 있다. 이제 해당 파일을 사용하거나 웹 페이지 등에 올려 로고로 사용해 보자.

▲ 최종 로고 저장하기

3 확장하기: 글자를 그림으로 나타내는 텍스트 아트

앞의 과정에서도 볼 수 있듯이 ChatGPT에서 코드를 이용하여 그림을 그리는 방식은 여러 가지이다. HTML에서 CSS를 이용하여 그리는 것도 가능하고, JavaScript나 ASCII 코드로 재미있게 표현하는 것도 가능하다. ChatGPT에게 해당 그림을 요청해 보자. ASCII는 글자 그대로 그림으로 사용하면 된다.

 ai4school.org를 ascii 코드를 이용한 그림을 만들어 줘.

 아래는 ai4school.org의 로고를 ASCII 아트로 그린 것입니다.

```mathematica
  AAAAA    III  444444   SSSSS  CCCCC  H   H  OOO  OOO  L      SSSSS  CCCCC  H   H  OOO  O
A       A   I   4    4   S          C         H   H  O   O  O   O  L      S          C         H   H  O
AAAAAAA    I   444444   SSSSS  C         HHHHH  O    O   O  L      SSSSS  C         HHHHH
A       A   I   4            S      C         H   H  O   O   O   O  L      S          C         H   H  O
A       A   I   444444   SSSSS  CCCCC  H   H  OOO  OOO  LLLLL  SSSSS  CCCCC  H   H  OOO  O
```

▲ 글자 그림 요청하기

◁» 🗐 👍 👎 🗘 ⌄

> ## Tip

텍스트 아트 출력하기

글자를 그림으로 만들고자 한다면 텍스트 아트를 요청하면 바로 출력할 수 있다.

▲ 텍스트 아트 그리기

이번에는 CSS로 요청하여 보자. 해당 코드를 메모장에서 붙여 넣어 .html로 저장해 디자인을 확인해 보자. 마찬가지로 파일 형식을 모든 파일로 지정 후 확장자를 바꿔 주어야 한다.

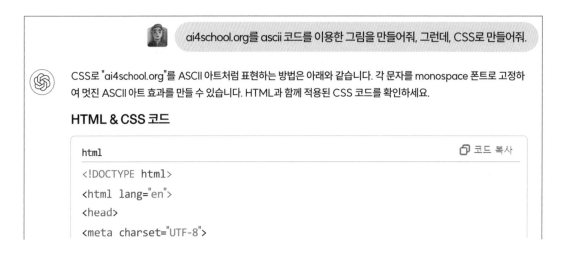

```
<meta name="viewport" content="width=device-width, initial-scale=1.0">
<title>AI4School ASCII Art</title>
<style>
  body {
    background-color: #222;
    color: #0f0;
    font-family: monospace;
    font-size: 14px;
    display: flex;
    justify-content: center;
    align-items: center;
    height: 100vh;
    margin: 0;
  }
  .ascii-art {
    white-space: pre;
    line-height: 1.2;
    text-align: center;
  }
</style>
</head>
<body>
```

◁)) ⧉ 👍 👎 ⟳⌄

```
<html>
<head>
* css 코드 붙여넣기
</head>
<body>
* html 코드 붙여넣기
</body>
</html>
```

직업의 생성과 소멸

▲ 러다이트 운동(출처: wikipedia.org)

러다이트(Luddite) 운동은 19세기 영국에서 공장 노동자들이 기계화에 반대하여 일어난 운동이다. 그들은 기계화로 일자리가 사라지고 생계가 위태로워진다는 불안감을 갖고 있었다. 이러한 불안감으로 기계를 파괴하는 등의 극단적인 행동을 하기도 하였다. 하지만 이후 기계화와 자동화는 더욱 발전하여 현재의 디지털 혁명으로 이어지게 된다. 이러한 혁신은 새로운 직업을 만들어냄과 동시에 기존의 일부 직업을 대체하고 있다. 예를 들어, 인공지능 기술이 발전하면서 자동화 기술이 도입된 공장에서는 과거에는 인간이 수행했던 일들이 로봇이나 자동화 장비에 의해 수행되고 있다. 반면, 로봇과 자동화 장비를 설치하고 유지 보수하는 기술자나 소프트웨어 개발자 등의 새로운 직업이 등장했다.

ChatGPT와 같은 혁신적인 기술의 등장은 세상에 많은 변화를 가져올 것이다. 콜센터 상담원은 점점 챗봇으로 대체되고 있는 것이 현실이다. 반면 이러한 인공지능과 협업하여 새로운 가치를 창출해 내는 직업은 꾸준히 새로 생겨날 것이며 중요성은 더욱 커질 것이다.

따라서 우리는 이러한 새로운 기술의 도입과 직업의 변화를 주시하며, 미래에 필요한 기술과 역량을 습득해야 한다. 새로운 기술에 적응하고 새로운 직업을 창출하며, 더 나은 미래를 위한 노력이 필요하다.

▲ 챗봇 고객 상담

▲ AI 일자리 파괴

컴퓨터를 이용하는 가장 큰 이유 중의 하나가 '자동화'일 것이다. 반복적이고 무료한 일을 대신해 주는 프로그램이 있다면 내 삶의 질을 높여 줄 수 있다. 여기에 딱 맞는 소프트웨어가 매크로다. Chapter 12에서 자동으로 클릭해 주는 매크로를 만들어서 바로 실행해 보자. 이를 위해 필요한 주피터 노트북 Jupyter Notebook 개발 환경 구축에 대해서도 알아본다.

ChatGPT로
자동 클릭 매크로
만들기

파이썬 라이브러리 살펴보기

파이썬으로 자동 클릭 프로그램을 만들 때 필요한 라이브러리는 다음과 같다. 각 라이브러리에 대해서 더 알고 싶다면 ChatGPT에게 예를 들어서 설명해 달라고 요청해 보자.

- **pyautogui:** GUI 자동화를 위한 라이브러리 중 하나로, 마우스, 키보드, 화면 등을 제어할 수 있게 해 준다. 여기에서는 일정한 간격으로 마우스를 클릭하는 데 사용된다.

- **keyboard:** 파이썬에서 키보드 입력을 감지할 수 있는 라이브러리다. keyboard 모듈을 사용하면 키보드의 키 입력을 감지하거나 키를 누르거나 뗄 수 있으며, 특정 키 조합을 시뮬레이트할 수 있다.

- **time:** 파이썬 내장 라이브러리로서 시간 관련 데이터를 다룰 수 있으며, 시간 지연, 시간 측정, 날짜와 시간 문자열 형식 변경 등 다양한 작업을 수행할 수 있다. 여기서는 일정한 시간 간격으로 작업을 수행하는 데 사용한다.

---

 pyautogui에 대해서 예를 들어서 설명해 줘.

 pyautogui 모듈은 파이썬에서 GUI 자동화를 위한 라이브러리입니다. pyautogui 모듈을 사용하면 마우스와 키보드를 자동으로 제어하거나, 스크린샷을 찍거나, 화면 캡처 등 다양한 작업을 수행할 수 있습니다.

pyautogui 모듈의 주요 함수와 메소드는 다음과 같습니다.

- moveTo(x, y, duration = 0.0): 마우스 커서를 지정된 좌표로 이동합니다.
- click(x = None, y = None, clicks = 1, interval = 0.0, button = 'left'): 마우스로 클릭합니다.
- write(message, interval = 0.0): 키보드로 메시지를 입력합니다.
- screenshot(region = None): 지정된 영역의 스크린샷을 찍습니다.
- locateOnScreen(image, grayscale=False, confidence = 0.999): 지정된 이미지를 스크린샷에서 찾아 좌표를 반환합니다.

pyautogui 모듈을 이용하여 GUI 자동화를 자동화하는 등 다양한 작업을 수행할 수 있습니다. 예를 들어 pyautogui.moveTo(100, 100)은 화면 상의 (100, 100) 위치로 마우스 커서를 이동하는 코드이며, pyautogui.click(100, 100)은 (100, 100) 위치에서 마우스 왼쪽 버튼을 클릭하는 코드입니다.

또한 pyautogui.write('Hello, World!')는 'Hello, World!'를 키보드로 입력하는 코드이며, pyautogui. screenshot()은 전체 화면의 스크린샷을 찍는 코드입니다.

🔊 🗗 👍 👎 🔄 ⌄

코드 만들기

파이썬으로 코드를 만들 때 다음과 같이 조건을 자세하게 제시하면 내가 원하는 코드를 얻기 더 수월하다. 모니터 화면에서 특정 위치를 지정하여 계속해서 클릭하게 하는 것이다. 자동으로 넘겨야 하는 프로그램이나 빠른 클릭이 필요한 경우에 유용하게 사용할 수 있다.

 다음 조건을 만족하는 파이썬 코드를 만들어 줘.

조건1: 프로그램 실행 5초 후에 화면상에 마우스 위치를 저장할 것
조건2: 저장된 위치를 출력할 것
조건3: 저장된 위치를 계속 클릭할 것
조건4: 키보드 q 키를 누르면 멈출 것

 다음과 같은 Python 코드를 작성하면 위 조건을 만족할 수 있습니다. 이 코드는 pyautogui와 keyboard 라이브러리를 사용하므로, 설치되지 않았다면 먼저 pip install pyautogui keyboard 명령을 통해 설치해야 합니다.

```python
import pyautogui
import keyboard
import time

# 프로그램 실행 후 5초 대기
time.sleep(5)
# 마우스 위치 저장
saved_position = pyautogui.position()
print(f"Saved mouse position: {saved_position}")

# 저장된 위치를 계속 클릭하는 함수
def click_saved_position():
    while True:
        # q 키를 누르면 멈추기
```
코드 복사

```
        if keyboard.is_pressed('q'):
            print("Stopped by pressing 'q'.")
            break
    # 저장된 위치 클릭
    pyautogui.click(saved_position)
    time.sleep(0.1)  # 클릭 간격 조절

# 클릭 함수 실행
click_saved_position()
```

코드 설명

• time.sleep(5): 프로그램이 시작되고 5초를 기다립니다.

• pyautogui.position(): 현재 마우스 위치를 저장합니다.

• click_saved_position 함수: saved_position에 저장된 위치를 계속 클릭하며, q 키가 눌리면 반복을 종료합니다.

이 코드를 실행하면 지정된 조건대로 작동할 것입니다.

여기서 잠깐!

코드가 이해되지 않는다면

코드에 대한 자세한 해석이 궁금하다면 다음과 같은 프롬프트로 추가 질문을 할 수 있다.

코드에 대한 해석을 추가해 줘.

 다음은 위 코드에 대한 상세한 해석입니다.

```python
                                                        📋 코드 복사
import pyautogui
import keyboard
import time
```

• pyautogui: 마우스와 화면을 제어할 수 있는 라이브러리입니다. 마우스 위치를 얻고 클릭하는 데 사용됩니다.

- keyboard: 키보드 입력을 감지할 수 있는 라이브러리입니다. 특정 키(q)를 눌렀을 때 반복을 멈추기 위해 사용됩니다.
- time: 시간 관련 함수를 제공하는 표준 라이브러리입니다. 5초 대기 기능을 위해 사용됩니다.

```python
# 프로그램 실행 후 5초 대기
time.sleep(5)
```

- time.sleep(5): 프로그램이 시작된 후 5초 동안 대기합니다. 사용자가 마우스 위치를 조정할 시간을 주는 용도입니다.

```python
# 마우스 위치 저장
saved_position = pyautogui.position()
print(f"Saved mouse position: {saved_position}")
```

- saved_position: 현재 마우스 커서의 위치를 (x, y) 좌표로 저장합니다.
- pyautogui.position(): 현재 마우스 커서의 좌표를 반환하는 함수입니다.
- print(f"Saved mouse position: {saved_position}"): 저장된 위치를 출력하여 사용자에게 알려줍니다.

```python
# 저장된 위치를 계속 클릭하는 함수
def click_saved_position():
    while True:
        # q 키를 누르면 멈추기
        if keyboard.is_pressed('q'):
            print("Stopped by pressing 'q'.")
            break
        # 저장된 위치 클릭
        pyautogui.click(saved_position)
        time.sleep(0.1)  # 클릭 간격 조절
```

- click_saved_position 함수: 이 함수는 저장된 위치를 계속 클릭하고, q 키가 눌리면 중단합니다.

- while True: 무한 루프를 시작합니다. 조건이 충족될 때까지 계속 반복됩니다.
- keyboard.is_pressed('q'): q 키가 눌렸는지 확인하는 조건입니다. 눌렸다면, "Stopped by pressing 'q'." 메시지를 출력하고 break로 루프를 종료합니다.
- pyautogui.click(saved_position): saved_position에 저장된 (x, y) 좌표 위치를 클릭합니다.
- time.sleep(0.1): 클릭 간격을 0.1초로 설정하여 너무 빠른 반복 클릭을 방지합니다.

```python
# 클릭 함수 실행
click_saved_position()
```

코드 복사

- click_saved_position(): 위에서 정의한 함수를 호출하여, 저장된 위치를 계속해서 클릭하는 기능을 시작합니다. q 키를 눌러야 반복이 멈추고 프로그램이 종료됩니다.

이 코드의 흐름은 다음과 같습니다:

1. 프로그램 시작 후 5초 대기.
2. 마우스 위치를 저장하고 출력.
3. 저장된 위치를 무한 반복으로 클릭.
4. q 키를 누르면 프로그램이 멈추고 종료.

이를 통해 단순히 코드를 복사해서 붙여넣기 하는 데서 그치지 않고, 코딩에 대해서 학습하고 응용하는 능력도 길러질 것이다.

---

3 개발 환경 구축하기

파이썬 개발 환경은 다양하게 존재하지만 여기서는 주피터 노트북(Jupyter Notebook)을 사용하도록 하겠다. 주피터 노트북은 다음과 같은 장점이 있다.

① **대화형 컴퓨팅 환경**: 주피터 노트북은 코드, 문서, 그래프 등을 하나의 문서에 통합하여 사용할 수 있다. 이러한 통합 문서는 대화형 컴퓨팅 환경을 제공하므로, 데이터 분석, 모델링, 시각화 등을 손쉽게 할 수 있다.

② **코드와 문서의 통합**: 주피터 노트북은 코드와 문서를 하나의 파일에 통합하여 작성할 수 있다. 이렇게 하면 코드와 문서가 분리되지 않아 코드 실행 결과와 문서를 쉽게 비교하고 수정할 수 있다.

③ **다양한 프로그래밍 언어 지원**: 주피터 노트북은 다양한 프로그래밍 언어를 지원한다. 주로 파이썬, R, 줄리아(Julia) 등을 사용할 수 있다.

④ **시각화 기능**: 주피터 노트북은 다양한 시각화 라이브러리를 지원하며, 코드 실행 결과를 그래프로 시각화할 수 있다.

1 아나콘다(anaconda) 설치하기

❶ https://www.anaconda.com/에 접속하여 설치 파일을 다운로드한다.

❷ 파일을 실행시켜 운영 체제에 맞게 설치를 완료한다.

2 주피터 노트북 실행하기

PC에서 주피터 노트북을 찾아서 실행시킨다.

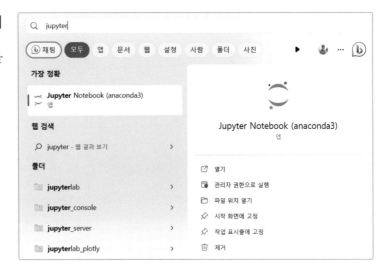

❶ 주피터 노트북을 실행시키면 커맨드 창이 뜨고, 웹 브라우저를 통해 자동 실행된다.

❷ 이때 커맨드 창을 닫으면 주피터 노트북도 종료된다.

4 파이썬 노트북 열기

❶ [new]를 클릭하고, 파이썬을 클릭하면 다음과 같은 창이 열린다.

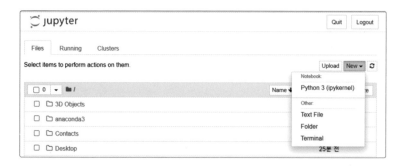

❷ 연두색으로 활성화된 곳에서 파이썬 코딩을 할 수 있다.

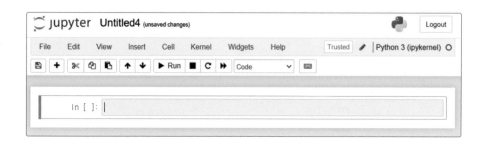

5 라이브러리 설치하기

❶ 내장 함수가 아닌 라이브러리는 따로 설치해 주어야 정상적으로 작동한다.

❷ 다시 ChatGPT로 돌아가서 다음과 같이 질문해 보자.

> 이 코드를 실행시키는데 필요한 라이브러리 중 따로 설치해야 하는 것을 알려 줘.

여기서 사용한 라이브러리 중 pyautogui와 keyboard는 따로 설치해야 합니다.

먼저, pyautogui를 설치하기 위해서는 다음과 같은 명령어를 터미널 또는 명령 프롬프트에서 실행하면 됩니다.

```
pip install pyautogui
```

다음으로, keyboard를 설치하기 위해서는 다음과 같은 명령어를 실행하면 됩니다.

```
pip install keyboard
```

위의 두 명령어를 실행하면 각각 pyautogui와 keyboard 모듈이 설치되어, 파이썬 코드에서 사용할 수 있게 됩니다.

❸ 아나콘다(Ananconda) 프롬프트 창을 열어서 설치 명령을 실행시킨다.

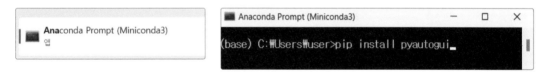

6 파이썬 코드 실행하기

❶ 주피터 노트북 연두색 창에 ChatGPT가 작성한 코드를 넣고 실행시킨다.

❷ 실행시킬 때는 [▶ Run] 버튼을, 멈출 때는 Q 키를 누르면 된다.

확장하기: 파이썬 매크로 추천받아 구현

        파이썬은 쉽고 강력한 언어로서 만들 수 있는 매크로가 다양하다. 개발 환경도 구축한 김에 ChatGPT에게 매크로 프로그램을 추천 받아 보자.

 파이썬으로 만들 수 있는 매크로를 추천해 줘

 파이썬으로 만들 수 있는 유용한 매크로 몇 가지를 추천해드릴게요. 모두 일상 업무, 데이터 처리, 자동화에 활용될 수 있는 예시들입니다.

1. 엑셀 자동화 매크로

- 예시: 엑셀 파일을 불러와 데이터 정리, 특정 열 필터링, 조건에 맞는 데이터 색상 변경 등 반복 작업을 자동화할 수 있습니다.
- 사용 패키지: 'pandas', 'openpyxl'

2. 이메일 발송 매크로

- 예시: 이메일 목록에서 받아온 데이터를 기반으로 개별 메일을 자동으로 발송하거나, 특정 템플릿을 활용해 맞춤형 이메일을 대량으로 보낼 수 있습니다.
- 사용 패키지: 'smtplib', 'email'

3. 웹 스크래핑 매크로

- 예시: 특정 웹사이트에서 정보를 주기적으로 스크래핑하여 파일로 저장하거나 데이터베이스에 업데이트하는 매크로입니다. 뉴스 기사나 가격 정보 같은 것을 자동으로 수집하는 데 유용합니다.
- 사용 패키지: 'requests', 'BeautifulSoup'

4. 파일 이름 변경 및 정리 매크로

- 예시: 지정한 폴더 내의 파일 이름을 일괄적으로 변경하거나, 날짜/크기 기준으로 파일을 분류해서 정리할 수 있습니다.
- 사용 패키지: 'os', 'shutil'

5. 키보드/마우스 동작 자동화 매크로

- 예시: 반복되는 마우스 클릭이나 키보드 입력을 자동화하여 특정 프로그램 상의 동작을 수행할 수 있습니다. 반복적인 데이터 입력이나 게임 동작 자동화에도 사용할 수 있습니다.
- 사용 패키지: 'pyautogui'

6. PDF 문서 처리 매크로

- 예시: 여러 PDF 파일을 병합하거나 특정 페이지를 추출해 새로운 PDF 파일을 생성하는 매크로입니다. 학습 자료나 보고서를 합치거나 분할하는 데 유용합니다.

- 사용 패키지: 'PyPDF2', 'reportlab'

7. 데이터 시각화 자동화 매크로

- 예시: 특정 데이터 파일을 불러와서 자동으로 그래프를 생성하고 이를 PDF 또는 이미지 파일로 저장하는 매크로입니다.
- 사용 패키지: 'matplotlib', 'pandas'

어떤 작업을 자동화하고 싶으신지 말씀해 주시면, 그에 맞는 구체적인 예제 코드도 도와드릴 수 있어요!

이 상태에서 각 매크로를 구현하는 코드가 궁금하다면 다음과 같이 질문하고, 해당 코드를 주피터 노트북에 붙여 넣어 실행시킬 수 있다.

 4번에 대한 예시 코드를 만들어 줘.

 물론입니다. 'The quick brown fox jumps over the lazy dog'라는 문장에서 'fox'라는 단어를 추출하는 예시 코드를 제공해 드리겠습니다. 이를 위해 re 라이브러리를 사용할 것입니다.

```
import re
# 추출하려는 단어 패턴 설정
pattern = r'\bfox\b'
# 대상 문장 설정
sentence = 'The quick brown fox jumps over the lazy dog'
# 패턴에 매칭되는 단어 추출
result = re.findall(pattern, sentence)
# 추출된 결과 출력
print(result)
```

위 코드를 실행하면 ['fox']라는 결과가 출력됩니다. 'fox' 단어가 추출되었습니다.

설명: \b는 단어 경계를 나타내는 메타 문자입니다. 즉, fox라는 단어를 찾을 때, fox라는 문자열이 단어 경계로 둘러싸여 있을 때만 매칭하도록 설정하였습니다. findall 함수는 대상 문자열에서 정규식에 해당하는 패턴에 매칭되는 모든 문자열을 리스트로 반환합니다. 따라서 위 코드에서 result 변수에는 'fox' 단어가 포함된 리스트가 저장됩니다.

이와 같이 꼬리에 꼬리를 무는 질문으로 프로그램의 완성도를 높여갈 수 있으며 코드를 읽고, 수정하는 능력도 기를 수 있다. ChatGPT의 도움을 받아 생활에 유용한 매크로들을 더 만들어 보자.

멀티모달

멀티모달(multi-modal)이란 둘 이상의 서로 다른 유형의 데이터를 함께 사용하여 문제를 해결하는 것을 의미한다. 멀티모달의 가장 큰 장점은, 다양한 유형의 데이터를 결합하여 더욱 정확하고 효과적인 결과를 도출할 수 있다는 것이다. 예를 들어, 인간의 음성, 언어, 이미지, 자세 등의 다양한 모달리티(modality) 데이터를 함께 사용하면 더욱 정확한 결과를 도출할 수 있다. 이는 마치 인간의 인지 능력과도 비교될 수 있다.

현실에서는 다양한 멀티모달 기술이 이미 사용되고 있다. 예를 들어, 인공지능 스피커는 음성 인식 기술과 이미지 인식 기술을 결합하여 음성 명령을 받으면 이미지 기반으로 답변을 제공한다. 이러한 방식은 음성 인식만을 사용하는 것보다 더욱 정확한 결과를 도출할 수 있다. 또 다른 예로는 자율주행 자동차에서 라이다(LiDAR), 카메라, 레이더, GPS 등 다양한 센서 데이터를 함께 사용하여 차량 주행 정보를 수집하고 처리한다.

앞으로 의료 분야에서는 음성, 이미지, 자세, 생체 신호 등의 데이터를 함께 사용하여 환자의 건강 상태를 분석하고 진단을 내리는 데 사용될 수 있다. 또한, 보안 분야에서는 얼굴 인식, 음성 인식, 지문 인식 등 다양한 인증 요소를 결합하여 보안 강화를 위한 다중 인증 시스템을 구축할 수 있게 될 것으로 전망된다.

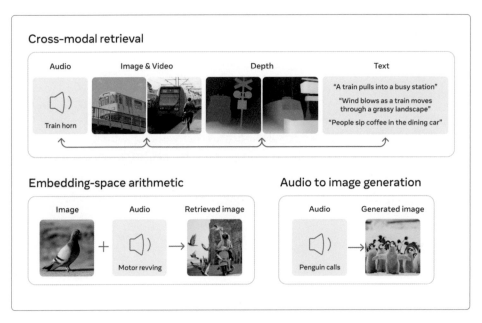

▲ 메타가 공개한 오픈소스 멀티모달 모델 이미지바인드(ImageBind).
6가지 양식의 정보를 바인딩할 수 있다(출처: MetaAI).

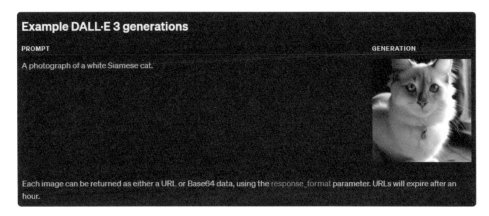

Example DALL·E 3 generations

PROMPT

A photograph of a white Siamese cat.

GENERATION

Each image can be returned as either a URL or Base64 data, using the response_format parameter. URLs will expire after an hour.

▲ 달리(DALL-E) 3가 프롬프트(PROMPT)를 통해 입력된 단어를 멀티모달 AI 기반으로 해석하여
이미지로 정확히 보여주는 모습(출처: 오픈AI)

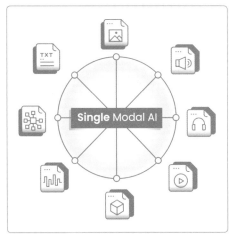
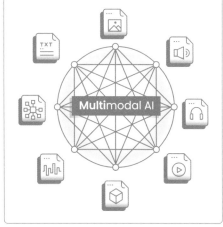

▲ 싱글모달 AI와 멀티모달 AI의 개념도

'검색' 하면 구글 ^{Google} 이 떠오르고 '구글링 ^{Googling}'이 '검색한다'와 동의어처럼 사용될 정도로 이미 구글에게 완벽하게 점령된 검색 시장을 새로운 방향성으로 공략하고 있는 검색 엔진이 바로 마이크로소프트 ^{microsoft, 이하 MS} 의 빙(Bing)이다. Chapter 13에서는 뉴 빙(New Bing)과 마이크로소프트와 챗봇인 코파일럿 ^{COpilot} 대해 자세히 살펴본다.

빙(Bing) 검색, 어디까지 해 봤니?

New Bing 만나기

전 세계 사람들에게 '검색'하면 떠오르는 곳은 구글(Google)일 것이다. '구글링(Googling)'이라는 단어가 요즘 점차 그 범위가 넓어져 '검색한다'는 말과 같이 일반 명사처럼 사용될 정도이니 더 설명할 필요도 없을 것이다.

이미 구글에게 완벽하게 점령당한 검색 시장을 새로운 방향성으로 공략하고 있는 검색엔진이 바로 마이크로소프트(Microsoft, 이하 MS)의 빙(Bing)이다. Chapter 13에서 New Bing과 Copilot(코파일럿)에 대해 자세히 살펴보자.

MS가 새롭게 정한 방향성은 바로 ChatGPT와 같은 인공지능 챗봇 코파일럿을 검색엔진에 도입하는 것이다. 더구나 ChatGPT의 성능이 꽤 우수하며 활용도가 높다는 것을 경험한 사람들이 많기에, MS 검색의 새로운 도전에 관심이 쏠리고 있다.

Bing 검색 엔진(www.bing.com)에 무언가를 검색하여 어떤 점이 새로운지 살펴보자. 일단 검색 창에 원하는 키워드를 검색하면, 다른 검색 엔진과 무엇이 다른지 크게 느끼기 어렵다. 그러나 '채팅' 기능에 주목해 보자.

이런 채팅 모드를 기반으로 한 검색이 New Bing의 가장 핵심적인 변화이다. New Bing에서는 ChatGPT의 구동을 책임지고 있는 OpenAI의 고급 버전 GPT-4.0 대형 언어 모델 위에서 작동하는 인공지능 보조 기능인 코파일럿을 활용하여 사람들의 검색을 돕는다. 이 코파일럿은 마이크로소프트 엣지(Microsoft Edge) 브라우저에서 뿐만 아니라 MS에서 지원하는 서비스(브라우저, 워드, 엑셀, 파워포인트, 팀즈 등)에서는 통합적으로 사용할 수 있도록 확대되고 있다.

> 견과류와 해산물을 먹지않는 6인을 위해 저녁 파티를 열어야 합니다. 메뉴를 추천해 줄 수 있나요?

물론입니다! 견과류와 해산물을 피하면서도 맛있는 3코스 메뉴를 추천해 드릴게요.

1. 에피타이저: 고구마 스프

- 고구마를 부드럽게 끓여서 스프로 만들면 따뜻하고 달콤한 맛을 낼 수 있습니다. 크림과 약간의 향신료를 더해 풍미를 살려보세요.

2. 메인 코스: 고구마 그라탱

- 고구마를 얇게 슬라이스하고, 생크림과 치즈를 겹겹이 올려 오븐에 구워내면, 부드럽고 고소한 맛의 고구마 그라탱이 완성됩니다.

3. 디저트: 레몬 소르베

- 상큼한 레몬 소르베는 식사를 깔끔하게 마무리하는 데 제격입니다. 민트 잎을 장식으로 얹으면 더 예쁘고 맛있어집니다.

이런 메뉴라면 모두가 만족할 수 있을 것 같아요. 파티가 성공적으로 진행되길 바랍니다! 🎉

다른 아이디어나 궁금한 점이 있으시면 언제든지 말씀해 주세요!

> 고구마가 있습니다. 고구마를 사용하는 메인 요리를 만들 수 있나요?

물론이죠! 고구마는 달콤하고 영양가가 높아서 메인 요리에 활용하기 아주 좋습니다. 고구마를 활용한 맛있는 메인 요리를 추천해 드릴게요.

메인 코스: 고구마 그라탱

- **재료:** 고구마, 생크림, 체다 치즈, 파마산 치즈, 버터, 마늘, 타임, 소금, 후추
- **방법:**
  1. 고구마를 얇게 슬라이스해 주세요.
  2. 버터를 녹인 팬에 다진 마늘과 타임을 넣고 향이 올라오도록 볶아 줍니다.
  3. 생크림을 넣고 소금과 후추로 간을 합니다.
  4. 슬라이스한 고구마를 오븐용 그릇에 겹겹이 놓고, 그 위에 생크림 혼합물을 고루 부려 줍니다.
  5. 체다 치즈와 파마산 치즈를 듬뿍 올립니다.
  6. 오븐에서 180도로 예열한 후, 40-45분간 구워줍니다. 고구마가 부드러워지고 치즈가 노릇노릇해지면 완성입니다.

이 고구마 그라탱은 부드러운 고구마와 고소한 치즈가 어우러져 아주 맛있고 든든한 요리가 될 거예요. 저녁 파티가 멋지게 성공하길 바랍니다! 🍠🧀

다시 New Bing으로 돌아와서, 이 새로운 검색에서는 내가 검색한 키워드에 대해서 ChatGPT 와 마찬가지로 대화를 통해 정보를 얻을 수 있다. 기존 검색 방식은 키워드에 대한 모든 정보를 검색 엔진이 추려 주면, 그 정보의 바다 속에서 내가 직접 관련 있거나 사용하고자 하는 정보를 일일이 찾아내는 과정을 거쳐야 했다. 그러나 New Bing에서는 인공지능 챗봇과의 대화를 지속적으로 나누는 과정에서 검색 엔진이 직접 정보를 수집, 분석, 제안해 준다는 점에서 훨씬 편리함을 느낄 수 있게 되었다.

> chatGPT

ChatGPT는 다양한 질문에 답변을 제공하고 대화를 나눌 수 있는 인공지능 챗봇입니다. OpenAI에서 개발한 이 모델은 많은 주제에 대해 지식을 가지고 있으며, 창의적인 글쓰기, 번역, 코딩 도움 등 다양한 용도로 활용할 수 있습니다. 저 역시 다양한 질문에 답변하고 여러 용도로 도움을 드릴 수 있는 Microsoft의 AI 도우미입니다. 어떤 주제나 질문이든지 편하게 물어 보세요! 😊

다른 도움이 필요하신가요? 아니면 궁금한 점이 있나요? 언제든지 말씀해 주세요!

> chatGPT를 어떻게 활용할 수 있나요?

ChatGPT는 다양한 용도로 활용할 수 있는 강력한 도구입니다. 몇 가지 예를 들어보면:

1. **질문에 대한 답변:** 역사, 과학, 기술 등 다양한 주제에 대한 정보를 제공받을 수 있습니다.
2. **창의적인 글쓰기:** 소설, 시, 에세이 등의 글을 작성하는 데 도움을 받을 수 있습니다.
3. **언어 학습:** 외국어 학습을 돕고, 번역이나 발음을 연습할 수 있습니다.
4. **코딩 도움:** 프로그래밍 질문에 답변을 제공하고, 코드 예제를 작성하는 데 도움을 받을 수 있습니다.
5. **아이디어 브레인스토밍:** 프로젝트나 이벤트를 위한 아이디어를 제공받을 수 있습니다.
6. **일상 대화:** 일상의 고민을 나누거나, 대화를 통해 새로운 관점을 얻을 수 있습니다.

ChatGPT를 효과적으로 활용하려면, 명확하고 구체적인 질문을 하는 것이 중요합니다. 또한, 다양한 방법으로 활용해 보면서 자신에게 가장 유용한 방식으로 사용해 보세요.

제가 더 도울 수 있는 다른 질문이 있으면 언제든지 알려 주세요! 😊

New Bing 활용하기

1 활용 1: 브라우저 속 정보

마이크로소프트 엣지 브라우저를 이용할 경우, Bing 검색을 더욱 다양하게 활용할 수 있다. 브라우저 상단에 언제든 채팅 모드를 사용할 수 있는 아이콘이 있다. 그 위치에 마우스 커서를 가져다 대기만 해도 바로 Bing과 대화를 나눌 수 있는 대화 창이 나타난다.

❶ 빠른 검색

웹 서핑을 할 때, 갑자기 그냥 혹시 궁금한 것들이 생긴다면 별도의 검색창을 켜지 않고 오른쪽 윗 부분 Bing 채팅 모드 아이콘에 가져다 대기만 하면 된다. 그리고 마치 친구에게 물어보듯 내가 궁금한 것을 툭 던지면 바로 대답해 준다. 특히, 사이드바와 같이 메인 화면을 많이 가리지 않고 검색과 답변이 가능하기에 실시간으로 동시에 확인하기 좋다.

❷ 정보 요약

기사, 보고서 등의 긴 글을 브라우저상에서 읽을 때 시간이 부족하다면 이럴 때 Bing을 활용할 수 있다. 원하는 페이지를 열어 둔 상태에서 채팅 모드에 "요약해 줘.", "핵심만 정리해 줘." 등의 원하는 정보 처리 방법을 말하면, 빠른 시간 안에 그 요약본 등의 결과를 받아 볼 수 있다.

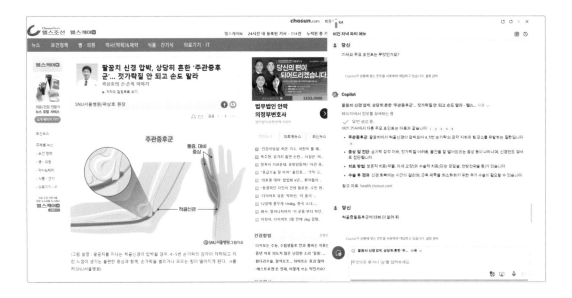

③ 번역

보고 있는 자료가 외국어더라도 Bing을 활용하면 크게 걱정할 필요가 없다. 브라우저 페이지에 대한 번역을 요청하면 한국어로 빠르게 전체 내용을 파악할 수 있게 된다. 또한 관련 내용에 대한 요약과 질문 역시 가능하다.

2 활용 2: PDF 문서

브라우저로 검색한 내용이 아닌 내가 가지고 있는 PDF 파일에 New Bing의 기능을 적용할 수 있다. 이 방법을 활용하면 ChatPDF와 같은 별도의 사이트에 접속하지 않고도 브라우저 자체만으로 PDF 파일 분석, 처리 등이 가능하다.

가장 먼저, Microsoft Edge 브라우저를 사용하여 PDF 파일을 불러와야 한다. 불러오는 방법은 단순하게 Microsoft Edge 브라우저를 켜고 PDF 파일을 그 위로 끌어오면(드래그) 파일이 열린다. 원하는 PDF 파일에서 마우스 오른쪽 버튼을 누르고, 연결 프로그램으로 Microsoft Edge 브라우저를 지정해도 가능하다.

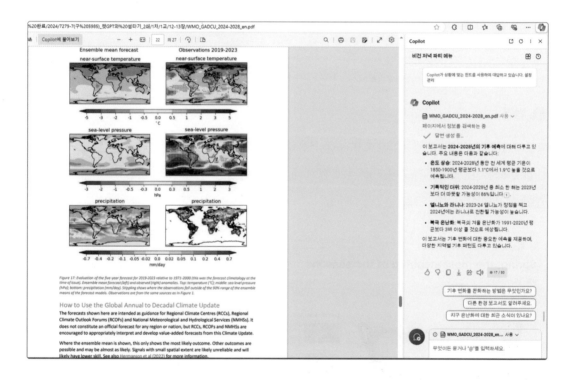

PDF 파일을 일단 불러오기만 하면 그 이후에는 빙(Bing)에게 내가 원하는 것을 대화로 말하기만 하면 된다. 그러면 알아서 그 PDF의 내용을 확인해주고, 요약하거나 분석해줄 것이다.

활용 3: 영상 자료

유튜브(YouTube)와 같이 공개된 URL에 영상 자료가 업로드되어 있어 Microsoft Edge 브라우저를 통해 확인이 가능한 경우, New Bing은 해당 영상 자료에 대한 처리도 가능하다. 영상을 긴 시간 동안 시청하지 않더라도 Bing 채팅 모드에 물어 보면, 순식간에 전체 내용을 파악할 수 있다. 또한 영상 내용과 관련되어 있기만 하다면 영상 시청 여부를 확인할 수 있는 질문을 추천받을 수 있고, 지엽적인 영상 일부 내용과 타임라인에 대한 확인 질문도 가능하다. 빙(Bing)과의 잠깐의 대화는 영상 시청에 드는 시간과 노력에 대한 부담, 이런 많은 것들을 대신 해결한다.

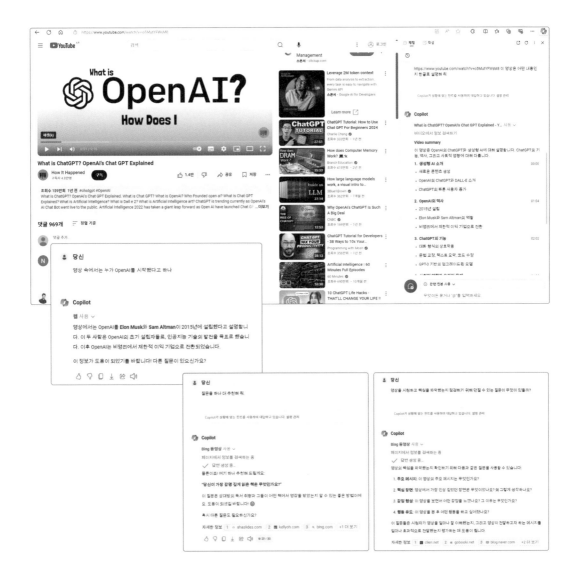

ChatGPT와 무엇이 다를까?

　이렇게 Bing과 대화를 나누다 보면, 인공지능과의 대화를 기반으로 문제를 해결하고, 정보를 얻는다는 점에서 New Bing의 채팅 모드가 ChatGPT와 같은 것이 아닌가 하는 의문이 들 수 있다. 그러나 엄연히 그 둘은 다른 성격을 지니고 있다.

　ChatGPT는 GPT-3.5를 기준으로 실시간 답변이 아닌 2021년까지 온라인상에 쌓인 수많은 데이터를 인공지능이 학습한 뒤, 이를 기반으로 사용자의 질문에 대한 적절한 답변을 제공하는 시스템이다. 그래서 유료 버전을 사용하거나 제한적 GPT-4.0 이상의 버전을 사용하지 않고서는 2022년 이후와 관련된 데이터에 대한 질문을 던지면 대답을 받을 수 없다.

 2023년 3월 1일 서울의 날씨 알려 줘.

 죄송합니다, 저는 현재 실시간으로 날씨 정보를 제공할 수 없습니다. 제가 가지고 있는 지식은 2021년까지이므로, 2023년 3월 1일의 날씨 정보를 알 수 없습니다. 하지만 인터넷에서 실시간으로 날씨 정보를 얻을 수 있는 여러 웹사이트와 앱이 있으니, 해당 정보를 검색하여 쉽게 얻으실 수 있을 것입니다.

🔊 ⎘ 👍 👎 ↻ ⌄

　반면 New Bing의 채팅 모드는 실시간 검색을 기반으로 하는 인공지능 챗봇이다. 따라서 실시간 정보에 대해 물어보더라도 온라인으로 검색이 가능하다면 이를 기반으로 원활하게 답변을 제공해 준다. 또한 정보의 출처를 제공해 신뢰성을 보장한다.

Copilot과 소통하여 사용 약관에 동의하고 개인정보처리방침을 검토했는지 확인하게 됩니다.

2024년 11월 6일 서울의 날씨를 알려 줘

2024년 11월 6일 서울의 날씨는 **맑음**입니다. 최고 기온은 **15도**에서 **20도** 사이, 최저 기온은 **5도**에서 **10도** 사이예요. 따뜻하게 입으시고 쾌적한 하루 되세요! 😊

다른 정보가 필요하시면 언제든지 말씀해 주세요!

따라서 사용자는 어떤 목적으로 인공지능 챗봇을 사용하는지 잘 고민해 보아야 한다. 실시간으로 업데이트되는 정보를 검색하고 이를 분석하고 싶다면 New Bing의 채팅 모드가 더 적절하다. 그러나 거대 빅데이터를 기반으로 수많은 사용자를 위한 맞춤형 생성 기능이 필요하다면 ChatGPT가 더 적절할 가능성이 크다.

	New Bing의 채팅 모드	ChatGPT
실시간 정보	○	△ (유료 결제 필요 혹은 무료 계정에서 제한된 용량에 한하여 실시간 정보 접근 가능)
채팅 히스토리	×	○
출처 제공	○	×
목적	검색 특화	사용자 맞춤형 생성 기능

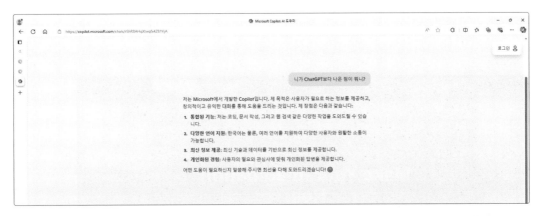

각기 다른 장단점이 존재하기에 사용 목적과 필요에 따라 적재적소에 잘 활용해 보자.

ChatGPT와 같이 인공지능을 이용한 협업 도구

1. You.com

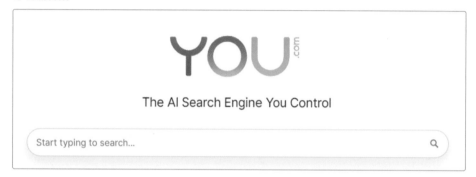

▲ ChatGPT와 같이 채팅을 하거나 작문, 그림 그리기 등을 할 수 있는 검색 엔진

2. Kaiber

▲ 이미지를 업로드하여 영상을 제작

3. RoomGPT

▲ 방 사진을 입력하여 새로운 인테리어 추천받기

4. Tactiq.io

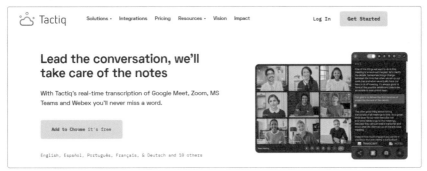

▲ 가상회의 내용을 정리하여 문서화

5. 카카오브레인 B^디스커버

▲ 이미지 흑백에서 컬러로 변환, 이미지 생성

Foreign Copyright:
Joonwon Lee   Mobile: 82-10-4624-6629
Address: 3F, 127, Yanghwa-ro, Mapo-gu, Seoul, Republic of Korea
          3rd Floor
Telephone: 82-2-3142-4151
E-mail: jwlee@cyber.co.kr

놀랄 만큼 쉬운 챗GPT 활용법
챗GPT와 썸타기

2023. 5. 31. 1판 1쇄 발행
2024. 11. 27. 개정증보 1판 1쇄 발행

지은이 | 한선관, 류미영, 김태령, 홍수빈, 임새이, 김도용
펴낸이 | 이종춘
펴낸곳 | BM (주)도서출판 **성안당**
주소 | 04032 서울시 마포구 양화로 127 첨단빌딩 3층(출판기획 R&D 센터)
      | 10881 경기도 파주시 문발로 112 파주 출판 문화도시(제작 및 물류)
전화 | 02) 3142-0036
      | 031) 950-6300
팩스 | 031) 955-0510
등록 | 1973. 2. 1. 제406-2005-000046호
출판사 홈페이지 | **www.cyber.co.kr**
ISBN | 978-89-315-7279-7 (93000)
정가 | 23,000원

이 책을 만든 사람들
책임 | 최옥현
기획 · 편집 | 조혜란
교정 · 교열 | 장윤정
본문 디자인 | 이대범, 박원석
표지 디자인 | 임흥순
홍보 | 김계향, 임진성, 김주승, 최정민
국제부 | 이선민, 조혜란
마케팅 | 구본철, 차정욱, 오영일, 나진호, 강호묵
마케팅 지원 | 장상범
제작 | 김유석

이 책의 어느 부분도 저작권자나 BM (주)도서출판 **성안당** 발행인의 승인 문서 없이 일부 또는 전부를 사진 복사나 디스크 복사 및 기타 정보 재생 시스템을 비롯하여 현재 알려지거나 향후 발명될 어떤 전기적, 기계적 또는 다른 수단을 통해 복사하거나 재생하거나 이용할 수 없음.

■ **도서 A/S 안내**

성안당에서 발행하는 모든 도서는 저자와 출판사, 그리고 독자가 함께 만들어 나갑니다.
좋은 책을 펴내기 위해 많은 노력을 기울이고 있습니다. 혹시라도 내용상의 오류나 오탈자 등이 발견되면 **"좋은 책은 나라의 보배"**로서 우리 모두가 함께 만들어 간다는 마음으로 연락주시기 바랍니다. 수정 보완하여 더 나은 책이 되도록 최선을 다하겠습니다.
성안당은 늘 독자 여러분들의 소중한 의견을 기다리고 있습니다. 좋은 의견을 보내주시는 분께는 성안당 쇼핑몰의 포인트(3,000포인트)를 적립해 드립니다.

잘못 만들어진 책이나 부록 등이 파손된 경우에는 교환해 드립니다.